福翁百話

現代語訳

福沢諭吉
佐藤きむ＝訳

目次

はじめに

『学問のすすめ』を読んだことがあるという私の周辺の人たちに、「『福翁百話』は?」と尋ねてみましたら、全員の答が「ノー」でした。

一九八四年、肖像が一万円札に登場して、福沢諭吉は日本人にとって随分となじみの深い人になりましたが、『福翁百話』は、『学問のすすめ』や『福翁自伝』などに比べて、まだまだ一般に知られていない著書のようです。私自身『福翁百話』を読んだのは、『学問のすすめ』よりもずっと後のことでした。そして、話題が広く変化に富んでいておもしろく、『学問のすすめ』よりも親しめる本なのに、どうして自分も含めて多くの人に読まれる機会がなかったのだろうと残念に思いました。

『福翁百話』は福沢の晩年の著作で、今から百十余年も前の本ですのに、現代にも通用する事柄が様々取り上げられていて、私は読みながら「ウン、そうだ、そうだ」と、共感するものがたくさんありました。

「自分たちは昔の人に比べれば断然幸せだが、未来の子孫の幸せには遠く及ばない」という福沢の考えが『福翁百話』全編の底を流れていると思うのですが、その「未来の子孫」

が今の私たちなのです。そして、その私たちは、福沢の予測にたがわず福沢の時代の人たちよりも幸せな暮らしをしています。

　福沢の時代までさかのぼらなくとも、私が子供だったころを思い起こしてみても、それは確かな事実です。一九三二年生まれの私が小学校に入学したころは、ランドセルを持っている子供はほんの少数でした。肩掛けカバンが多かったのですが、それもズック製品から粗末な布での手作りの物まで様々でした。今の新入学児童は、全員新しいランドセルを背負っています。

　何よりも幸せなのは、私たちが平和な時代に生きているということです。『福翁百話』が世に出た一八九六年は日清戦争終結の翌年で、その後五十年間の日本の歴史は、日露戦争から昭和の十五年戦争に至るまで、ほとんど戦争の連続でした。けれども、それから後は、半世紀以上全く外国との殺りくの争いをせずに過ごすことができました。福沢の言葉通り「昔の人に比べれば断然幸せ」な日々だったわけです。

　そして、福沢は、「自分たちの今日があるのは先人の辛苦の賜物であって、その恩に報いるためには、更に辛苦を重ねて子孫に役立つことをしなければならない」ということも、述べています。

　百十余年という時の流れは、私たちの母国語をも大きく変えてしまいました。現代の私たちには、もはや福沢の熱い想いを、福沢自身の言葉で受け取ることのできないのを残念に思います。翻訳にあたっては、せめて原文に忠実な訳をと心掛けました。階級的差別や民族的偏見にかかわる言葉もところどころに見られますが、一部削除したり表現を変えたりしただけで、当時の社会の実情を伝えるのには必要と考え、そのままにしました。

語彙《ごい》や文体は、中学生以上なるべく幅広い年代に読んでもらえるよう留意したつもりです。各話の題名は原文のままですが、話の内容を推測できるような現代語の副題を付けました。順を追って読まなければならないという本ではありませんので、ページを開くときの参考にしていただければと思います。

自然科学の進歩に比べてはるかに後れている私たちの〝心〟の成長のために、この本から、いろいろなことを楽しみながら教えてもらえるような気がします。日々の暮らしの折々にひもといて、心に響くその時々の音色を味わっていただければうれしく思います。

最後に、精読の機会を与えてくださり、翻訳の作業を終始支援してくださった角川学芸出版の田中隆裕氏に、心より感謝申し上げます。

佐藤きむ

序言

開国以来四十年、我が国の文明は大いに進歩したが、文明本来の趣旨は、有形の物だけではなくて、国民全体の知徳もまたそれに伴って無形のうちに進歩し変化しなければならないということである。そうなってはじめて独立国としての基盤を堅固にすることができよう。

私は、もともと客を迎えるのが好きで交際範囲もすこぶる広い。その折、話の発展として、そうした文明の問題について論じたことが幾十回幾百回あったか知らないが、客が帰ってしまえばそれは一時だけの雑話、特に心に留めておくこともなかった。けれども、それでは残念であることに気付いて、去年から暇を盗んでは筆を執り、かつて人に語った話を記憶のままにあれこれと取り集めて文章につづり、その文章が次第に増えておよそ百編までになった。

そこで、これを『福翁百話』と名付けて「時事新報」に掲載することを決めた。本年三月一日より連載して紙上に公開しようと思う。ただ原稿の校正にも多少の時間を費やすので、まずは一週間に二、三回ずつのつもりである。

読者の皆さんが、思いつくままに筆を走らせたこの文章を読んで、私の微意をくみ取り、無形の知徳を用いて家を治め世渡りの道を滑らかにし、一身一家を独立させて一国の基礎となれるまでに至るならば、私にとって望外の幸せである。

福沢諭吉　記す

明治二十九年二月十五日

一　宇宙——宇宙は人知では推測できない事象に満ちている

宇宙は誰かによって造られたものなのか、または自然にできたものなのかということは、宗教論においてやかましく論じられていることであるが、その議論はさておいて、私は、現在の宇宙を自分の目で直観して、その美しさ広大さ、その構造の緻密《ちみつ》微妙で、約束事の堅固であることに感心するのみである。そして、宇宙について思えば思うほど、感銘の度合いはますます強くなって、ただ独り茫然《ぼうぜん》とした気分に浸ってしまう。

こうした無限に広大な心の状態を名付けて、神の力と言う人もあり、仏の徳と言う人もある。至極もっともな意見だと思う。宇宙に存在するものを、私たち人間が五官に触れ、心に感じていながら、それに名前のないのは大変に不都合だと考えるからである。だからと言って、私はその神も仏も知らないのだから、神の力、仏の徳などと言うことはできない。考えてみると、私たちは、幼少の時から人の力ではどうすることもできない事に出会えば、「天なり」「天道なり」と天地自然によるものとして言い流し聞き流す習慣があった。今、仮に、この「天」の字を用いて、宇宙の現在の情況を表現したいと思う。ただ、「天」、あるいは「天道」(自然の法則)、「天工」(自然の働き)、「天意」(自然の道理) などと言っても、その「天」というのは、私たちの仰ぎ見る青空でもなければ太陽でもなく、無限の空間的広さと時間的果てしなさ、際限なき巨大さと細かさ、最高の強さと誠実さ等々、人間の知力では到底推測できない不思議な事象である。それを「天」の文字に託しているにすぎないのだから、それぞれの人の思いの中に、より適当な文字があれば、遠慮なく改めてほしい。ここに、取りあえず仮に文字を「天」と定めて、その広大で有力であることは、私たち人間の想像をはるかに超えているということだけを断言しておく。

人間の目に映る範囲では、山は高く海は深いと言われているけれども、ただ、山も海も地球上の物であって、地球は太陽に付属する小さな土の塊の一つにすぎない。そして、その太陽も恒星中の一つの粒であって、天に輝く星は、みな一粒一粒の太陽なのだ。その数は無数であって、もちろん数えることは不可能である。銀河が白く見えるのは、恒星が幾重にも重なって白く見えるのであって、松の並木を遠くから眺めると、ただ黒々と見えるのと同じである。

ここで銀河はもうおしまいかと思っていると、銀河一帯から少し離れた場所に、スペクトルというまだらな白い痕跡《こんせき》が見える。この痕跡もまた、私たちが見る銀河一帯と同じ恒星などの一群であろう。その距離を尋ねると、スペクトルはさておくとして、何千何万億もの数で数え切れない普通一般の恒星でも、遠いものは、その星から放たれた光線が地球に達するまでに何百万年も費やすという。だから、恒星の中には、すでに百万年前に本体を失って、今日ただその光線だけが私たちの目に映るものもあるだろうし、また、百万年前に新たな星として生まれて、今なおその光線が到着していないものもあるだろう。数に限りなく、距離に限りなく、また、その誕生死滅の時も知ることはできない。

大自然のはたらきの広大さは、それを表現する適切な言葉がないのと同時に、また緻密微細な点においても、文章に書き残すことは不可能である。大海の鯨は大きく小川のエビは小さいというのが普通の言い方だが、小さいエビを更にもっと小さい物と比較すれば、その大きいこと、エビと比べた鯨よりも更に大きくもなる。一滴の液中に繁殖する細菌は何億もの数で、世界中の人口よりも多い。その細菌の組織を解剖したならば、繊維もあろうし栄養生殖の機関もあろう。あるいは、後の世に微生物を明らかにする有力な方法を発明したならば、今の細菌と言われているものの中に更に無数の動植物が寄生していて、その本体である細菌は、やがて大きな物体と見られることもあろう。

かすかなもの細かなものが、どこまでも際限なくかすかになり細かになり、終わりのないありさまである。だが、驚くべきことは、ただその大きさではない。これを支配しているのが、かつて一度も誤作動したことのない一定不変の規則であるということこそ、最高の不可思議である。考えても解決し得ないこの事を、なおも考え続けてあれこれ想像すれば、いたずらに人間の知力の弱さを思い知らされるだけである。

二 天工——存在する物のすべてが一定の法則に従っている

宇宙に存在するすべての物は、常に動き、常に変化し、いつのまにか生じ、いつのまにか滅して、初めなく終わりなく、どこまでも際限がない。

大地の水分は蒸発して雲となり雨となり、川となり海となり、再び上昇して雲や雨となるなどは最も分かり易い一例で、万物は、すべてこの例と共通している。四季の変化で草木は栄枯し、寒暑風雨の往来で家屋は腐朽する。人は生まれて子供から大人になり、やがて老いて死に至る。卵からかえった蚕は繭となりチョウとなって生を終える。時間の長短こそあれ、変動の経緯は同じである。太陽・月・星などの天体だとて無限の寿命を持っているわけではなくて、様々に運動する間には次々と形を変えていく。そして、いつかは解体の時の来ることが約束されているのだが、その約束は、生者必滅の文字から割り出した空想ではなくて、科学的に実証されているということに注目してほしい。

万物の必滅は、天から与えられた真理であるとはいうものの、「滅する」というのは、ただ形を変えるだけであって物質が消滅するのではない。水分が蒸発して雲となるのは、地上の水がなくなるのではなくて形が変化するにすぎない。ここに朽ちた木や燃えている薪があれば、あそこには繁茂している森林がある。朽ちて消え燃えてなくなる物質は、更に変化して新しい樹木の形に返るのである。宇宙に存在するすべての物は、大は天体から小はちりやほこりに至るまで、常に変化の途中にいながら、物体の本体は一片も失わず一片も加えず、増減のない堅い約束の中に続いてきたのである。

物質の変化や不滅の約束事が、このように構造化され組織化されて活動してきたのだが、その趣向の素晴らしさ、その規則の確かさは、私たち人間の知力での想像が及ぶ範囲のものではない。

天然の七色は濃淡常に変化なく、七十元素の性質は常に異動せず、一切の万物の生滅は必ず一定の法則に従っている。このことを人間に当てはめて言えば、千年前の火でやけどした人も今日やけどした人も感ずる痛みは同じであって、原因である火も、負った傷も、違うところは何もない。千万年の昔から今日まで、五大州に住む人と名付けられているものならば、二つの目、四本の手足、直立して歩くことなど、外見がみな同じであるのはもちろん、筋骨内臓から隅々の微細な組織に至るまで、形も性質も同じというだけでなくて、構造の精巧な点では、人間の技工で真似するなどとてもできることではない。

たとえば、人間の首は、前後左右思いのままに動いて、うつむくこと仰ぐことをはじめ伸縮全く自由自在でありながら、停止するときは、きりりと微動だにしない。どんなに優れた機器の技術力もかなわないところだが、これはほんの一例で、他は推して知るべしである。

更に、構造組織がこのように精巧であるばかりでなく、その働きもまた同様に見事である。気候の相違や人工的な習慣・故障がない限り、同じ飲食物や薬剤を与えれば必ず同じ結果が表れ、酒を飲めば酔い、吐下剤を服用すれば吐下し、夜は眠り昼は起き、食事の回数さえもほぼ同じであることに注意したい。

こうした形として見えるものから、形には見えない喜怒哀楽について考えても、知識の大小深浅こそあれ、心情の根本は同じである。男女互いに親しみ合い、父母を慕い子を愛し、兄弟姉妹・同郷の仲間・友人など、支え合い助け合うのは当然のことである。中でも、人間が、恥を知り、義理を知り、物事の軽重をわきまえ、必要とする時間を予測し、便利を求めて改良進歩を図るなど、自分の利害のみでなく周囲の人のためになることを考えるのは、自らを万物の霊長として尊重するゆえんであろう。

そうした点について、人間以下の動植物界を見ると、人間の心と同じものはなく、また改良進歩の痕跡もなく、ただ食べ物を求め男女接近し合うなどの感情面での趣が似ているだけであり、草木では単に雌雄の欲望のおもかげがあるだけだが、形態の構造や組織については、上等の人間も下等の鳥獣草木も全く同じ状態で、なんとも不思議というほかない。馬は馬を産み、牛は牛を産み、梅の実からは梅の木が生え、米麦の種をまけば米麦が生え、鳥獣草木幾百幾千種、それぞれその系統が正しく受け継がれて乱れないだけでなく、微細な組織に至るまで変化することがない。

一片のチョウの羽を手に取って見ると、肉眼に映るだけでもその美麗なこと緻密なこと、更に顕微鏡で照らすと、その美はいよいよ美しく、その組織はいよいよ精巧で、ただただ驚くばかりである。それだけでなく、同種同名のチョウならば、幾千万の数であってもことごとく同じ形態をしていて、違うところが全く見当たらない。

つまり、これが万物一貫の法則で、有生界の一鳥一獣、一木一草、一枚一葉だけでなく、無生界の一塊の金石、一粒の砂から一塵《いちじん》のかすかなほこりに至るまで、この法則の中に網羅されないものはない。大自然の微妙なこと、もともと人間の力の及ぶところではない。自然の道理の所在を知ろうとするならば、自分の周囲の物はみな自然の力による物であって、小さなちりの中にも自然が存在するということに気付くであろう。それだけでなくて、自分を省みれば自身もまた、自然の力が宿る一個の肉塊にすぎないという道理にたどり着くことができるであろう。

三　天道人に可なり――自然の法則は文明の進歩があってこそ役立つ

宇宙万有の約束、つまり自然の真理というのは、絶対の真理ではあるけれども、果たして人間の利害はどうかということについては、昔から少なからず議論されている問題である。

かの司馬遷が「天の命令は是か非か」と言ったのは、ただ自身の不運を嘆き、そのことを歴史上の事実にかこつけて不平を漏らした、一時のたわごとにすぎない。天道（自然の法則）は、広大であり永遠である。わずか幾百年幾千年の間に幾百か幾千の不運不幸があったからといって、そのことを天命の是非を論ずる根拠とするには不十分である。つまり、歴史家の識見の狭さで、「天」についてまだよく知っていなかったと言うべきであろう。したがって、この種類の天に関する論議は、浅薄な意見として取り合わないこととして、別の説に目を向けよう。

その説は、こう言う。

天道の哀れみ深いことと巧妙なことはこの上なく、様々のものが造り出され、食べ物、衣服、その他人間の日常生活のすべてに恩恵を与えているように見えるが、しかし、それは表面上のきれい事で、裏面は必ずしもそうではない。

たとえば、人間の寿命は、自然から与えられた年数であって、長短についてとやかく言うべきことではない、死ぬ生きるは寿命に従うだけだとは言うものの、人間生まれるときは母親を苦しませ、死ぬときはまた病気の苦しみにさいなまれる。死につながる病気でない場合でも、病毒にやたらに苦しめられて、苦痛のあまり死を願うようになることも少なくない。ましてや、遺伝病、伝染病、流行病にかかったときの心中においてをやである。年々歳々、たくさんの人の尊い命を無視して、殺人の約束を実行するようなものである。

天道が本当に哀れみ深く博愛であるためには、難産の母には初めから子を産ませず、病気の苦しみで人を殺したり、殺さないまでもやたらに苦しませたりするよりは、出生させないことこそ哀れみの表出の仕方であろう。

また、自然現象が、四季を通じて順当に風雨をもたらすのが地球の平常の状態のように思われているが、時には大風や暴風が田野を荒らし家屋を倒し、海上の荒れ狂う大波は船を覆して人を殺したりと、天の怒りが襲いかかる。これは、毎年と言うよりも、世界全体から見ればほとんど毎日毎晩の災いで、その件数はとても数えきれない。それだけでなく、火山の噴火や地震は、災いの中の最も激烈最も広大なもので、残酷無慈悲の極みと言っても過言ではない。

更に、人間世界についても、理解しがたいものはたくさんある。地球上が穏やかで、人間が平和に生きるためには、まず人間の心が善であることが最も重要であるのに、世界に悪人はすこぶる多い。殺人、盗賊、みだらな男女などは、人の姿をしていても人とは言えない。これらを獣類として論外におくとしても、生命を捨てても仁道を全うすると豪語するような人たちにも、政治・経済はじめ一般の社会生活において、自分の側の利益を考えない者はいない。国を造れば国の利益を、家庭を持てば家庭の利益をと、自分を先にして他を後にする。ひどいのになると、他人の痛みを無視して自分の利益だけを考える。

もっと極端なのは、「国」という名の徒党を組んで公然と他国との間を区別し、お互いに自分の利を得ようとして争い、ついには凶器を執って殺し合いにまで進む。相手方の人を多く殺して戦術の巧みな側は「強国」と言われ、争いに際して人を殺すためのいろいろの策をめぐらして目的を達した人は「政治家」と呼ばれ「軍略家」と称せられて、「忠君愛国」などとたたえられる。世界中にそのことを怪しむ人は誰もいない。

こうした事柄を見ると、天地自然の法則は、人間の悪事を阻止するのではなくて、むしろ唆していると言える。人間は自然の道理が宿る肉塊であるというが、体のどこにも道理の存在は見られないではないかと言う人がいる。たしかに、それは事実で根拠のないことではないが、私の見るところでは、こうした意見は、事の成り行きを狭い範囲に限って眺め、原因と結果との関連を安直に結び付けてしまって、自然の法則の偉大さまで考えが及ばないものと断定せざるを得ない。

今、改めて歴史始まって以来の人間世界の様子を振り返ってみると、進歩するだけで後退することがない。人間は、進歩改良の特性を持っていて、部分的に見れば、難病に悩んだり伝染病やはやりの病気にかかる人も多いけれども、病気を持って生まれてくるわけではない。それなのに、そうした苦しみに会うのは、知恵が生じないうちに情欲が先に起こって、様々の自然の法則に逆らって不養生をし、祖先から受け継いだ遺伝に加えて、更に自分自身で体を痛めつけているからである。

だが、人間は、情欲が盛んであると共に知識の発達もまた甚だしく、将来の利害を見分ける力があるのだから、優れた知恵が燃える欲望を抑えて体を守り、代々子孫が努力することで、やがて自然から与えられた無病の体に返る日のあることを信じよう。伝染病やはやりの病気にかかるのは、人間の無知によることが多いのだから、社会の学識が進歩したならば、こうした病毒を排除し予防するのは容易であって、風雨に当たらないために屋内に入ったりコートを着たりするのと変わりない。

今の学術は、未熟で手落ちもあるが、多少は実証されている部分もあり、後世における情況は推して知るべしだろう。細菌学などは未熟ではあるがその一端である。

また、大風・暴雨・地震などの災害が、自然の残酷さによるものとするのは全く根拠のないことと言わざるを得ない。風雨・地震は自然の法則に従って必要があって起こるのだが、人間の知恵は、未だその必然性を解明しておらず、やたらに被害を恐れているのは愚かである。必要性を知らないことは許すとしても、自然の法則は、あらかじめ異変の起こることを正確に報知しているのに、人間はその報知を受けながら、避けることを知らず予防することを知らずという状態で、それは、友人から手紙をもらっても読めないのと同じようなものである。

ただ、学術が進んでいない今日の社会でも、気象学の成果として風雨の異変を予報したり、船舶に蒸気を利用して海上の災いを免れたりということなどは、百年前に比較すると、自然からの報知をある程度理解して役立てていると言える。こうした方向に進めば、噴火・地震などの異変を予知して、その災害を予防する方法を手にするのも遠くはないであろう。

一方、人間世界の経済的な問題において、私利を争って国際間の戦いまで引き起こしているという不平不満も当たり前になっているが、歴史始まってわずか五、六千年の今日、人間の知恵と徳行が未熟で幼稚であるということは、例えば、人間の寿命を百年とすれば今まさに二、三歳の小児ということである。こうした子供たちが、地球のあちこちに群れをなして勝手気ままに歩き回れば、破廉恥、乱暴はもちろん、私利私欲に走ることも当然である。

経済人と言われる人が営利を重んじて財産を増やそうとしたり、政治家が懸命に功名を立てようとしたりするのは、子供が欲張ってお菓子や玩具を取り合い、お山の大将になって仲間を見下し、恥も義理も知らず、自分が何を必要とするかも知らず、大将になって得なのかどうかも知らず、ひたすら自分のことだけを思って威張ろうとするのと異ならない。ただ、彼は三歳の小児、こちらは三、四十歳の小児で、多少外見の様子が違うだけである。この老小児たちが、国内にいて争う心があれば、外国に向かって争うのも自然の成り行きである。世界の各国が群れをなしての群児と群児とのけんか、これを称して戦争と言う。こうした小児の心は、どうしても免れないものだが、私は、希望の限界を千万年の遠くにおいて、自然の法則に任せて小児の成長を期待したい。

千万年の後を空想して信ずるのは、学者のすることではないという説もあるが、私の空想は必ずしも空想ではない。未来を想像するということの根本は、過去の事実にもある。自然の法則が真実であって、人間は進化した動物であるとすれば、過去五、六千年の間に行われた人間世界の進歩でもって未来幾千万年を予想することは、決していい加減な考え方ではない。宇宙の永遠に比べれば、この五、六千年は、たった百年の最初の一年、否一日にも足らないのだが、この短い年月に、人間世界はひたすら進む一方だけで、かつて退いたのを見たことがない。

昔の人は、命を守る法則を知らなくて短命の人が多かった。学問の進歩と共に、次第に長命になっている事実は、統計上でも明白である。

昔は、水火を恐れてもっぱらこれを避けたが、今は、かえってこれを利用して生活を便利にしている。蒸気や水力発電などはその一例である。昔は、人命を軽んじて思いやりの心に乏しく、極端になると自分と同じ人間を殺し、もっとひどいのになると人間の肉を食らったが、今は、人の心が次第に穏やかになって殺伐を嫌い、戦争の中で敵の負傷者を救うということさえ実行した。昔の人は、君主と称する一個人の奴隷であり、たとえそうではなくとも奴隷と同じに見られた。今は、法律に守られて多くの人が安らかに暮らしている。昔は、取り調べや刑罰には拷問・肉刑があり、今は、次第にこれを廃止する方向にある。昔は、粗衣粗食であり、今の衣食は、ようやく美しいと言えるようになった。昔は、人と交際するにも敵が多くて、警戒するのに忙しかったが、今の社会は、安全で、楽しむ余裕がある。

こうした事実を数えれば、枚挙にいとまはない。どんな新しい学説を作っても、千年前の「野蛮」と今日の「文明」とを比較して、古代の美を証明することは難しいだろう。単なる千年ではない。百年の前と後でも苦楽の大きな相違がある。現代人の中には、今の世を、道徳や人情が衰えてしまったと、しきりに昔を慕う人もないわけではないが、こうした種類の人は、社会の一部分に眼を奪われて、全体の動きを知っていない。世界の人類を見渡して、最も多いのはどういう人たちか、最も幸福な人はどれくらいいるか、その平均数を知らないのだから、彼らの言うことは、すべて取るに足らないことである。今日の私たちは、開けたばかりの慌ただしい地球に生まれ、人間の世界は無知・不徳の隠れ家で、何事も意のままにならないとはいうものの、そうした不如意は、天命ではなくて人間の罪である。

しかし、そうであっても、人間には善を好むという本来の正しい心がある。進歩改良の知識がある。こうした本来の素質を磨くことで、やがて円満な境遇に到達できることは間違いない。わずか五、六千年の歴史の経過を見ても、進歩の実績は明らかである。まして、幾千万年の未来のことは、改めて言うまでもない。強いて幾千万年の未来と言わなくとも、これまでの歴史を五、六千年として、その年数と同じ五、六千年先の将来と限っても、後世の子孫の幸福は、十分希望を持てる。

この後五、六千年を経て、今日の歴史を見る人があれば、私たちの無知・不徳、機転が利かず乱暴なことを、ただ哀れみ笑うだけだろう。その模様は、ちょうど今の私たちが、大昔の食人風習を哀れむ感情と同じであろう。

今日の文明世界と言われる所に生きる人たちは、生まれて間もない小児であって、出来たばかりの地球に新生児の群れが集まっているのだから、地球も若ければ人もまた幼稚である。そうした人たちに向かって円満を求めるのは無理な注文であろう。

ただ私は、過去の事実から、人間世界の確かな進歩の実態を知り、禍と福の平均数を計算して、幸福が次第に増進してきたことを知った。それによって、自然の法則が人間にとって役立ってくれていることを証明したいと思うのである。

私たちの今の境遇は、昔の人に比べれば断然幸せなのだが、未来の子孫には遠く及ばない大不幸の中にいる。そうは言っても私たちの今日があるのは、ひとえに先人たちの辛苦の賜物であって、その恩に報いるためには私たちは更に辛苦を重ねて、子孫に役立つような人にならなければならない。それが人間としての当然の義務と言うべきだろう。

四 前途の望み——人間社会の黄金時代も夢ではない

自然の法則は、ずっと人間に味方してきてくれた。思いのままにならなかったりするのは人間の側に原因があって、不徳無知の結果なのだが、それでも人間の進歩改良が行われてきたのは自然の法則のお陰である。それは、歴史始まって以来の事実が証明してくれている。また、人間世界にこれまでなかったことを思い描くのは空想にすぎないけれども、実際に見聞したことに基づいての考えには、むやみに刃向かってはならない。

以上の道理を全くその通りと納得したうえで、人について言うと、孔子は道徳の聖人、ニュートンは物理の聖人である。

孔子が「七十にして矩《のり》を踰《こ》えず」と言ったのは道徳心の頂点とも言える言葉だが、本来物理の思想はなくて道徳一筋の人物なので、もしもこの人にニュートンの物理思想を加えたならば、知徳兼備の人物になったであろう。

だが、二人の聖人は、共に一方だけを究めて両方を兼ね備えなかったために、完全な人物とは言われなかったかもしれないが、歴史始まって以来、早くもこうした優れた人物が出たという事実によって、人間が達することの可能な知徳の水準を知ることができよう。

例えば、将来身の丈二・五メートルの馬を作ろうというのは空想だが、アラビア馬にはすでに一・五メートル以上のものが出ているので、一・五メートル以上というのは、馬が達することのできる水準と考えて差し支えないというようなことである。

というわけで、後のこの世に、孔子を出しニュートンを生むのは、まことに容易なことである。単に後世と言うばかりでなくて今日においても、浮世の凡人・俗人が昔をよき時代と尊ぶ妄想を捨てて、鋭い眼で物事の本質を見極めたならば、多数の孔子、多数のニュートンの出現すること疑いない。凡人・俗人の愚かな心情は、やたらに古人を慕って古い物品を重んずるのと同じで、人物の真の価値を問うのではなくて思想の新しい古いを基準にするので、現代人の素晴らしさを理解できない。

もしも、今の世に孔子、ニュートンがいたとしても、道徳と物理とを兼ね備えた人はいないだろう。しかし、人間社会の進歩は無限であり、地球の寿命は永遠である。進歩また進歩、改良また改良しているうちには、知徳兼備の聖人を容易に見ることができるだけでなく、群をなすほどの聖人が続々と現れて、その極限を想像すれば、世界中の人が皆、矩を踰えることのない七十歳の孔子とニュートンの知識とを兼ね、人生は幸福、社会は円満、ほとんどの人が、今の人が絵にもかけないほどの境遇に達するということがあるかもしれない。つまり、黄金世界の時代である。

要するに、私の言う黄金世界は空想ではない。単に過去を証拠に将来を予想しただけのことで、希望は前途洋々、春の海のようである。誰か今の世を末世と言う人がいるとしたら、それは、東西の方角に迷い、朝暮の時刻を誤って、太陽が昇るのを見て夕陽が沈むと思うのと同じである。

五 因果応報――子孫のために文明進歩の糸口を開こう

自然の法則が真実であることははっきりしているのだから、一切の自然現象の原因と結果もまた、その関係が確かであることは疑いない。

私たち人間の見聞する範囲で言うと、豆の種をまけば必ず豆の苗が生えて豆の実を結び、肥料を施せばよく生長して収穫が多く、養分を与えるのを怠って雨露の道を絶てば枯死してしまう。人の身体も、栄養を程良く摂取すれば健康だが、そうでなければ病気に苦しむ。一瞬の油断で梅毒にかかった人は、災いを百年の後の子孫にまで残して人を苦しめ、更に国力までも損なう。肉眼には見えない微細なばい菌が、コレラとなり赤痢となり腸チフスとなり、地上一面に流行して幾千万の人を死に追いやる。その勢力は、一本のマッチが元で大都会を焦土と化してしまうのと異ならない。

「千里の堤も蟻穴《ぎけつ》よりくずれる」のことわざは真実そのもので、大事な箇所に一つのアリ穴があれば、その穴がどんなに小さくても河水の浸入する原因となって、やがて決壊の災いを必ず招く。

一滴の水、一粒の砂、一毛一羽、微細なちりやほこりに至るまで、物質は消滅することがないというのが自然の原則であるから、それらの働きを粗末にしてはならない。粗末にしてはならないというのは、微細な物の活動は、一番の元となる力だからである。そこから発した活動力によって第二の結果が生じ、その結果が原因となって更に第三の結果となり、第四第五と次々に際限なく新しい結果を生む。しかも、その前と後との関係の正確さは少しの狂いもなく、ちっぽけな人間のごまかしなど許されるものではない。

有形である物質世界の事実がこのようであれば、無形である人間世界の目に見えない事柄においても、また同じであるのは当然である。一人の人の一言一行が、他の人の禍福の原因となるばかりでなく、それが回転して、自身の禍福の原因となることも少なくない。「私は、あの人の一言を聞いて終生の指針とした」「○○さんの徳行を私自身の行いの手本としたお陰で、天命を知って安らかな境地を得た」などといった言葉は、よく耳にする。姑《しゅうとめ》が嫁を愛したり憎んだりするために、嫁の心も左右されて、姑も嫁も共に楽しんだり苦しんだりすることがある。

ある人が、一人の女性が切羽詰まって井戸に身を投げようとしたのを思いとどまらせ、事情を聞いて慰め、保護して見合った職業に就かせた。その後その女性は結婚して子供を産み、その子供がたくましい男女で、一家が独立して繁盛し、安穏に暮らしたという。

心が安定しなくて、怒るべきでないのに怒る人がいた。ある時、怒りに乗じて若者を乱暴な大声で叱りつけたら、その若者は気が小さくて、恐怖のあまり落胆失望し、果ては自暴自棄に陥って放蕩《ほうとう》無頼酒色にふけり、悪い病気にかかってしまった。それでも虚弱ながらも妻をめとって子供もできたが、その子供は生まれながらの病身で何の役にも立たず、一人の若者の毒害を百年の後まで残したという例もある。

こうした事柄は、原因と結果との関係がきわめて複雑で、これからそれへと明確に因果の道筋を示すのは難しいが、人間の一挙一動、一言一行が、微妙なところで原因と結果とのつながりのあることを証明するのに十分であろう。

更に一歩を進めれば、悪を行う人は必ず禍を被り、善を行う人は必ず福を受け、善悪禍福両方相対して、盗跖《とうせき》（中国古代の伝説的大盗賊）は攻め滅ぼされ、顔淵《がんえん》（孔門十哲の首位にあった魯《ろ》の賢人）は長寿であるべきはずが、浮世の現実はたびたび食い違って、時には事の反対の成り行きを見せられることもないではない。

天地自然の法則の雄大さ、人間の無力さ、果てしない宇宙の運動など、人間の知恵で測れるものではない。因果応報がまことの真実であることは、有形界も無形界も同じであって、決してまやかしでないことを、私たちは、実際に耳や目に触れた事柄を証拠に信じたい。言葉も行動も悪を避けて善に近づき、先人に対しては、辛苦に耐えて生きた功徳に報い、後の世の子孫のためには、文明進歩の糸口を開きたいと願うだけである。

六　謝恩の一念発起すべきや否や

――自然が人間に特別の恩恵を与えてはいない

宇宙の大機構は、人間の計り知ることのできない不可思議な仕組みで、この地球上の万物、上は人類から下は鳥獣・草木・土砂・微細なちりやほこりに至るまで、それぞれがふさわしい役目を持っている。春夏秋冬の季節がめぐって、たくさんの産物を生ずるだけでなく、ほとんど四季の変化のない南極・北極・赤道直下の地にも、生まれるべきものは生まれ、育つべきものは育って、安らかに落ち着いている。

なかでも人間の快適さについて言えば、心身の活動は自由自在、どんな事情があっても人間同士の不徳・無知に妨げられない限り、周囲の万物すべてが奉仕してくれる。それによって肉体を養うことができるし、心を楽しませてもらえる。ましてこの世は、進歩改良の活劇の場である。ひと足ひと足どう歩こうと自由とあれば、たとえ現在は不満のことが多くても、人間の知識や道徳の進歩と共に明るい未来が期待できる。黄金世界の時代も夢ではなく、今生きている人の幸福も間違いなく大きくなるであろう。

とすれば、私たちは、その大幸福に浴する身分なのだが、進んでその恩に感謝すべきか否か、分かり易く言えば、ありがとうと言うべきか否かということについては、議論のあるところだろう。

まず「恩」についてだが、「恩」とは「仁恵（下の立場にある人を思ってかける恵み）功徳（幸福をもたらす善行）」の意味で、これに感謝するとすれば、その功徳を施してくれた相手がいなければならない。だが、宇宙の大機構はなぞに包まれていて、何によって造られたものかが分からない。仮に造物主などと名前を付けて、この人が造ったとでもすれば首尾よく治まるだろうが、造物主があるとすれば、その造物主を造った人がなければならない。そしてまた、それを造った人を造った人がなければならない。際限がないので、どう考えても不可思議にできた大機構と言うしかない。偶然にできた大機構で、私たち人間もまた偶然に生まれたその仕組みの中の一部分なのである。

これを例えれば、原動力である蒸気の存在を全く知らなくて、機械だけをなぜか運転するものがあって、人間もまたその機械の中の一本の釘《くぎ》か細かい鉄の一分子に属していて、共に運転しながらその動くわけを知らなければ、特に運転の恩を感謝すべき相手を求めようとしても不可能、というようなことである。ただ、大機構が果てしなく広く大きく、とても言葉では表せない不可思議なものであることを感じて、いっそう自分自身の微小と無力を痛感するだけである。

ある人は、こうも言う。人間が空気を吸い、太陽に照らされ、衣服をまとい、飲食することで生きていくのは、自然が人間にそういうことをしてくれているのであって、天の恩恵とも言うべきものだから、その恩に感謝すべきである。

当然考え方の一つとして聞くべきではあるが、一歩進めて私の考えはどうかと言うと、前にも述べたように、自然の法則は、不可思議なことにひとりでにそうなっているのであって、そうさせたものの存在を実証することはできない。それゆえに、謝恩の思いは、相手があってこそわき起こる感情だから、二つのものを比較して、両方の恩義の有無軽重を見分けてから、感謝の念を起こすべきである。例えば、私たちが父母の恩に感謝してありがとうと言うのは、父母は親しい我が父母であって隣家の老夫婦ではなく、自分にとって特に恩義があるからである。

だから、自然の法則も、何かほかに比較すべきものがあって、この自然の法則は人のためのもの、あの自然の法則はそうでないものと、両方が並んでいて、人間は幸いに人のためのもののほうに支配されているのであったら、特別の恩義として感謝すべきだろう。あるいはまた、同じ人間でありながら、一部の人には自然の与えてくれる恩義が厚くて一部の人には薄いというのであれば、その厚恩に浴する人は特に感謝すべきだろうが、私たちの見るところでは一種類の自然の法則があるだけで、功徳の及ぶところに厚い薄いの差はないから特に感謝しなければならない理由はない。そうでなくても、厚い薄いの差があるとすれば、特別の恩恵に浴して深く感謝する人がいる一方には、恩恵に漏れて恨みに思う人がいないわけにいかない。

ただ一つしかない、すべてに平等な自然の法則に対して、感謝しようとして感謝してはならない。恨もうとして恨んではならない。それが自然の法則の果てしなく広く大きなゆえんなのであって、私たち人間に与えられた恩恵として、あえて感謝の意を表さないのは、恨んだりしないためであることを知ってほしい。

また、人間が人間として生を受けてこの世に生まれたのはありがたいと言う人があるが、もちろん何の根拠もない意見で、耳を傾ける必要はない。この場合の人間とは、心中ひそかに鳥獣を比較に取り上げて、卑しい鳥獣ではなくて貴い人間に生まれたのは幸せであるという意味なのだろうけれども、これを幸せとすれば、世界中の何が幸せでないということになるのだろう。魚に向かってお前は虫でないから幸せだと言い、鳥に向かってお前は魚でないから幸運だと言い、猫に向かってネズミの不幸を説き、犬に向かって猫の無力を哀れみ、猿に向かってウサギの愚かさを笑うというようなことをすれば、幸と不幸の違いは際限がない。

身近な例では、人間同士のことでも、三十歳の男女に向かって、あなたはまだ四十歳にならない、前途が長くて幸せだと言い、四十歳の人に向かっては五十歳と比較し、五十歳には六十歳と、六十歳には七十歳と比べて幸せだと言い、八十、九十、死に至るまでみんな前途が長くて、幸せでない人はいない。なんといい加減な話ではないか。

先入観なしに素直な心で考えれば、人間が人間に生まれたのは、魚は魚であり鳥は鳥であるのと、また三十歳の男女が三十歳であるのと同じことである。特に喜ぶべきことでもなければ、驚くべきことでもない。

自然の法則は、人間に適合していて万物に優しい。それが自然の法則たるゆえんで、特別の恩恵ではない。自然の法則がもしも人間に適合しなくて万物に合致しなければ、この地球上に、今の人間はもちろん、すべての物が存在しないであろう。否、地球そのものも現在の状態ではないはずである。だから、自然の法則がよくできているからこそ万物が存在しているのであって、万物が存在しているから自然の法則が特によくできているということではない。地球上の様々の物を見て殊更に自然の法則に恩義を感ずるというのは、人間界ではよく話題になることだが、つまらない小細工で自然の働きを推測するのは、まだ宇宙の機構の偉大さを知っていないということである。

宇宙の秘密は広大で限りなく、宇宙に存在するすべての物は、適材適所、穏やかに調和している。太陽・月・星といった大きなものから、地球をはじめとして地球上の鳥獣・草木・昆虫といった小さなものまで、私たち人間が持っているような心があったなら、それぞれ自分の境遇に安心して、きっと満足している気持ちを表すことだろう。そしてまた、境遇に満足すると同時に、そのことに感謝するなどとは考えずに悠々としていることだろう。なぜなら、宇宙の大機構は、太陽・月・星以上の物も以下の物も、すべて残らず網羅していて、どんな小さな物も機構の中の一部分であり、特に感謝する必要はない。

それは、人間の体の中の内臓・筋骨がお互いに身体を作り合っていて、互いにその功労恩義を感謝し合う理由がないのと同じである。内臓・筋骨のそれぞれの役割を究め尽くしても身体全体は何も分からず、宇宙に存在するすべての物を究め尽くしても宇宙その物は全く不明である。

宇宙の存在物の何が主で何が客か、到底区別できるものではない。私たち人間もまた、その中の細かな一つのちりなのだから、身の程をわきまえて大機構の不可思議をよく観察し、仰ぎ見てその偉大さをたたえ、頭《こうべ》を垂れて自分の狭小さを知るということも大事だが、そのために大機構への謝恩の念を持つ必要はない。

ただ、私たちは人間の子であって、文明の進歩と共に進化してきた動物であることを知っているので、過ぎ去った昔を思い起こして、先人が辛苦に耐えて生きてきた大恩に感謝し、後の世の子孫に対しては、知恵と徳行を開く糸口を残すために努力したいと思う。

（以上の論は、もしかすると、世間並以下の人には、理解しがたいところがあるかもしれない。理解できないのはそれでいいのだが、生半可に理解してもらっては困る。人間世界に神も仏もなし、報恩礼拝一切無用と早合点して、まだ自分の行いを正すことも知識を学ぶこともしないうちに横着者になってしまい、その結果、社会の安穏を阻害するおそれがないわけではないからである。つまるところ、謝恩の念は信仰心から生ずるもので、その信仰心の元が迷いであっても感情であっても、とにかくその心を邪魔にせずに、愚かな人の道徳心を維持するのが、今の俗世間では賢人だということである。本論は、ただ学者流の思想を書き連ねただけで、これによって宗教界の迷信を一掃しようなどというつもりは毛頭ない）

七 人間の安心——勤勉な暮らしにも遊び心は必要

宇宙の中に私たちが住んでいる地球が存在しているのは、大海に浮かぶ一粒のケシの種のようなものと言っても、それほど適切な表現とは言い難い。

私たちが名付けて人間と称している動物は、このケシ粒の上に生まれ、そして死んでいく。生まれてその生まれたわけを知らず、死んでその死んだわけを知らず、どこから来たのかを知らず、どこへ行くのかを知らず、二メートルに足りない身体は、わずか百年の寿命を得ることも難しい。ちりやほこり、たまり水に浮き沈みするボウフラと同じようなものである。カゲロウは朝に生まれ夕べに死すというけれども、人間の寿命と比べてそれほど違いはない。ノミとアリと背比べしても、大きな象の目から見れば大きさは同じで、一秒の遅速の争いも百年を単位に考えれば問題にもならない。

ということで、宇宙の広大な考え方で物事を見ると、太陽も月も小さく、地球も微小である。まして人間などは、無知無力、見る影もないウジ虫同様の小動物で、稲妻が光る瞬間ほどの短い時間をたまたまこの世に生活し、喜怒哀楽の感情も一睡の夢のうちに消え去って跡形もない。

それなのに、愚かな俗世間には、貴賤《きせん》貧富、栄枯盛衰などというものがあり、上を目指して日夜励み努めて心身を疲労する有様は、庭に塚を築くアリの群れがにわか雨の襲ってくるのを知らなかったり、夏の青草の中を元気に跳んでいたバッタが急の秋風の寒さに驚いたりというのと同じで、おかしくもあり浅ましくもあるのだが、そうした世界に生まれてしまったからには、ウジ虫にも相応の覚悟がなければならない。

その覚悟とは何か。人生というのは、もともと遊びであると知っていながら、遊ぶことをせずにひたすら真面目に働き、貧より富を、苦より楽をと願い、他人の邪魔をしない安楽な暮らしを求め、五十歳であれ七十歳であれ十分に長い寿命と思い、父母に仕え夫婦仲良く、子孫のことも考慮し、周囲の公益にも心を配り、生涯一点の過失もないよう心掛ける。これこそが、ウジ虫の本分である。否、これはウジ虫のことではない。万物の霊長として人間だけが誇れるものである。

最後に一言。遊び心であるということを承知のうえで遊べば安心で、極端に遊んでしまうことがない。時に周囲の俗人たちが大仕掛けな馬鹿遊びをしていても、仲間に入らずにすませることも可能である。人間の心を安んずる方法はこの辺にあって、大きな過ちから逃れられる。

八 善悪の標準は人の好悪によって定まる

――人のいやがる行為をしないのが善

道徳というのは、人と人とが互いに向かい合って論じた結果定まるものである。例えば、難船して無人の孤島にたった一人上陸した人がいたときに、その人のためには、その日から道徳の配慮は一切無用である。うそ偽りを言おうとしても、相手がなければ言うことができない。物を盗もうとしても、物に持ち主がなければ盗むことにはならない。仏教でいう十種の悪事、最も重い五種の悪事も、これを実行する方法がない。ただ知恵を使って飢えと寒さを防ぐのだけが有用な才覚で、道徳の視点で見れば善でも悪でもなく、〈何でもない人〉とでも言うべきだろうか。

そういうことで、道徳は相手があっての教えであることを前提として、さて、今の時代において何を善とし何を悪とするかと尋ねられれば、人に対して、その人の好まないことを仕向けないのが善であり、それと反対の行為が悪であると答えよう。「己の欲せざるところは人に施すなかれ」というのは昔の聖人の教えで、これを「恕《じょ》（思いやり）の道」という。「欲するところ」というのは、最高の善・円満の極意で、生きていくうえで元となる本当の気持ちである。

どんな詐欺師でも、人に欺かれるのを好まない。人の物を盗む盗賊でも、自分の物を盗まれれば面白くない。自分では悪いことをしながら他人が自分に対して悪いことをするのを好まないというのは、善悪の区別を詐欺師も盗賊も知っているということである。詐欺師や盗賊よりも上位の人間である一般の人たちについては、もちろん言うまでもない。

何を善とし何を悪とするかの基準は明らかで、人間誰もが道徳によって人を導く師になれるといっても差し支えないだろう。と言っても、社会の事柄はいろいろ入り乱れていてはっきりしないうえに、事の道理を詳しく細かい点まで了解する人は少ない。例えば、盗賊でも善悪の区別を知っている、人間誰もが道徳の師であるといっても、深く物事の筋道を追究せずに、まずその言葉の耳新しいのに驚いて、かえって道徳の普及の意図に反することもある。それに乗じて、宗教の一派が世の人たちの信仰心を固め、宗派を開いた人の教えだとか天からの喜ばしい知らせだとかと宣伝して、ひたすら善に向かわせようとする。これは最高に巧妙な方法で、凡俗社会を感化するにはこれ以上のものはないだろう。

私は道理の上から善悪の基準を定め、宗教の信者は先人の言葉に基準の根拠を求めているという違いはあるけれども、善を善とし悪を悪とする点においては、結局落ち着くところは同じである。私は現代の宗教なるものを信じないままに宗教の利益を説いているのだが、私の気持ちは、ある意味では彼らと共通した辺りにあるということである。

九　善は易くして悪は難し——安楽を求める心は善につながる

世の中の人は、たとえ自分では善い事をしなくても、人が善い事をしてくれることを望んでいる。人をののしりながら人にののしられるのを好まない。人を打ちながら人に打たれるのを喜ばない。ののしられたり打たれたりを好まない喜ばないというところが、善を善とし悪を悪とする元になっている心なのだから、もしも善い事をしようと思ったならば、人の気持ちがひとりでに動いていく方向を察して、その気持ちに従うべきである。従うか従わないかはそれぞれの人の心次第だろうが、相手の人のためを思い、世間の一般的な常識に従って善い事をするのが、最も安心できる方法である。熟考すべきところである。

だいたい人間の性質は、苦労よりも安楽を好むようになっているという。そうだとすれば、万人が忌み嫌うことをするのと、好む気持ちに従うのと、どっちが難しいだろうか。人に物を与えるのは容易であって、奪うのは難しい。まして、人の家に忍び入って盗みをしたり、人を傷つけ殺したりなどというのは、これ以上の骨の折れる苦労はないであろう。たとえ物を盗んだり人を殺したりするほどの大罪でなくとも、ちょっと人を欺いたり、悩ましたり、一銭の金を横取りしたり、一枚の紙を勝手に使ったりするのも、すべて苦労の種である。なぜなら、欺かれ、悩まされ、横取りされ、勝手に使われた人は被害者であり、その人がどんな立派な人であろうと小人物であろうと、必ず不快に思うはずで、ただ立腹するだけでなくて、時としては仕返しをしようとする人もいるかもしれない。犯罪者になったりなどすれば、恐怖と後悔の念というのは、常に心の根幹を悩ます媒介であるから、なんとも恐ろしいことである。

勧善懲悪というのは、必ずしも他のいろいろな教訓に頼る必要はない。人間がもともと持っている、苦労を避けて安楽を好むという心をそのまま成長させていけば、善に従う道につながるであろう。やたらに悪いことをしようとして苦労する人は、不徳というよりも、むしろ無知と評すべきである。

一〇 人間の心は広大無辺なり
——人生は理屈通りでないからこそ安らかである

人間の一生というのは、見る影もないウジ虫と同じで、朝の露の乾く間もない五十年か七十年の間を、何とはなしに遊びながら生きて、やがて死んでいくまでのことだから、自分の身をはじめすべての物事を軽く見て、やたらに真面目すぎないほうがよい。生まれるということは死ぬということの約束であって、死も格別驚くことではない。まして、浮世の貧富苦楽などは驚くに当たらない。人生における浮き沈みは定まっていないだけでなくて、貧しい人が必ずしも常に苦しみの中にいるのでもなければ、富める人が必ずしも常に楽しさの中にいるのでもない。苦痛も安楽も一時の遊びであって、その時が過ぎれば消えて跡形もなくなるのである。

このことを知るのが、心を安定させるための最も大切な方法であることをまず深く胸の中に収めておいて、さて、それでは、今日の浮世を渡るには、その方法をどう使っていったらいいのだろうかと考えてみたい。

ウジ虫はもともとウジ虫であって、たとえ高尚な心があってもウジ虫の心と同居しながら高尚な方法を取るべきではない。生を愛し死を憎み、貧富苦楽を喜んだり憂えたりして浮世の務めを果たし、苦しんでは楽しみ、楽しんでは苦しみ、苦と楽を比べて楽の多いことを願うのはもちろんだが、時には快楽を大きくするために特別苦労し、十年の経験を蓄積して一朝の心を満足させることもあろう。

苦労の経験は、自分自身のためばかりではない。父母のため、夫婦相互のため、子供のため、親類や友人のために苦労し、更には、社会一般の人たちのためにという場合も多い。そうあってこそ、はじめて人間が浮世を生きていく者としての義務を果たしたと言えよう。

そうなると、この章の初めに、人生を遊びと称して死もまた驚くに値しないと言いながら、浮世を渡る方法というと、生を愛し死を憎み、苦しい生活をすることで快楽を得よと勧めるのは前後矛盾するようだが、もともと人間の心は広大で限りがなく、理屈の外にこそ悠然としていることができるのである。

たとえば、木造の家の中で火を取り扱えば、時として火事になるのは当然で、無事であるほうが不思議である。神ならぬ身の人間は、気が付かずに不養生する人があり、また気付いていながら不養生する人も多い。どちらも病気の原因になるばかりでなく、たとえ養生しても、いつかは老いて死ぬことは免れない。

こうしたことは、すべて自然の約束であって、家が焼けても人が病気になっても、特に驚く理由は何もない。そのまま捨て置いてもいいはずなのだが、火事のときには驚き慌てて消そうとし、病気のときには苦しみ心配して医者にかかる。それが普通の人情である。一方から見ると、火事も病気も驚くほどのことではないとして平気でいるのが当然なのだが、他の一方から実際に当たってみると、驚かないわけにはいかない。驚く人にして、はじめて人間の義務を果たしたと言える。

どちらが是で、どちらが非か。人の心が二様に分かれるところであるが、一つの心が時折二様の働きをしながら、反発しない。それが、人の心の広大で限りないことを実証している。人生を遊びと認めつつ、その遊びを本心から勤めて飽きることなく、そして飽きないからこそ社会の秩序が保たれているのである。同時に、もともと遊びと認めているからこそ、国家の大事に臨んでも、動揺することなく、憂えることなく、後悔することなく、悲しむことなく、安らかな心を持つことができるのである。

十一　善心は美を愛するの情に出づ――善は人のためならず

人の心は醜を憎んで美を愛する。冬の枯れ野は恐ろしくて、春の桜には心が浮き立つ。秋の夕べのカリは悲しく、花に戯れるウグイスは耳に快い。単に天然の物だけに限らず、衣服を装い、邸宅や庭園を造り、家財道具・書画骨董《こっとう》の類を楽しむのも、結局はすべて醜を憎み美を愛する心から出ている。

こうした人間の心を押し広げて考えてみよう。人と人とが会って、相手の人の喜ぶ声を聞き笑う顔を見るのと、怒る声を聞き恨む顔を見るのと、どちらが自分の心に快いかと尋ねれば、答えるのをためらう人はないだろう。

そういう意味で、その人自身の善悪邪正に関係なく、誰もが、他人が自分に対して善い人であることを望んでいる。善い事をして相手が望んでいる方向に行動し、その人の喜ぶ声を聞き笑う顔を見るのは、春の野にウグイスのさえずりを聞き百花爛漫《らんまん》の情況を見るのと変わりない。衣服・住居・家具道具類なども、美しい物が好まれる。ましてや、身近な人の表情が麗しくて満足そうなのを見る心地よさは、言うまでもない。

こうしたことは、すべて自分の心を慰める手段である。善い事をするのは、人のためではなくて、自分のためである。美を愛する心、それがつまり、善の行為の発端なのである。

三　恵与は人のためにあらず
——慈善は世に知られるもよし知られざるもよし

道端で難儀している人を見て、お金を与えて助けるのは、自分の一時の慈善心を満足させる手段である。一歩進めて、その人にそうなった理由を問いただしてみると、本当に不幸な人も多いかもしれないけれど、なかには、普段の心掛けが良くなくて、ついに人に哀れみを願う境遇になった人もあろう。いわゆる自業自得ということである。もっとひどいのになると、わざと難儀しているように装って、目や耳の不自由な真似をしたり、隣家の障がいのある子供を我が子と偽ったりする者もあろう。不届き千万だが、恵む側の身としては、そうした詮索《せんさく》は一切無用である。

もともと、恵む人に深い考えがあったわけではない。ただ通りすがりに哀れな姿の人を見て、少しばかりの物を与え、これを受けた人が謝意を表して、悲しげに寄せているまゆをほんの少しでも開いてうれしそうな表情を見せれば、それだけで心は満たされる。例えるならば、枯れ木の寂しい枝にちょっと花を咲かせ、曇った夜半の月にちょっと光を放たせるようなものである。その花と月とを見るのは、見る側の人のためであって、見られる側のためではない。世間の人の中には、どうかするとこの趣意を誤り、ほんの少しの物を施すにも、ともすれば先方の素性を疑い、わざわざ理屈をつけて追い払ったり叱り飛ばしたりする人がいる。全く不当なことである。たとえ、その人たちが道理に背いていても不届きであっても、それは先方のことで、こちらはただ一時の恵みを与えることで、同じ人間の仲間が泣くのを止めて笑うのを見るというだけのことである。ましてや、難儀している人が必ずしも不届きな人ではなくて、本当に不幸な人も多いということや、恵む物といってもほんのわずかで財布に影響するほどでないということを考えると、素性を疑ったり追い払ったり叱り飛ばしたりというのは、とんでもないことである。

花鳥風月など天然の美を見ると思えば、まことに安い出費である。そして、また一段進めて、一切の寄付・寄進・義援等も、すべて先方のためでなく、自分の慈善心を満足させるための手段なのだから、特に世の人たちに名前を知られる必要はない。知られても差し支えなく、知られなくても、それもまたよい。その辺は自然の成り行きに任せて、気に掛けないことが大人の態度である。

社会のため慈善のために事を行って、人に知られることを恐れて殊更に名前を隠す人もある。あるいはまた、わざと公開して名誉を得ようとする人もある。名誉のための慈善は俗物であって人格の低い人のすることだが、だからと言って、いろいろ心配して隠そうとするのもまた、俗物から脱しきった人とは言えない。

花見に出掛けて、人に顔を見られるのも見られないのも気に掛けることはない。私たちは、ただ花を見て美を愛する心を満足させるだけでいいのだ。

三 事物を軽く視て始めて活発なるを得べし——人はもともと無一物

人間の心掛けは、何かと浮世を軽く見て、深く考えすぎないのがよい。こう言えば、世の人たちの心を冷淡の方向に導いて、すべての物事に力を尽くす人がいなくなるように思われるだろうが、決してそうではない。浮世を軽く見るのは心の本体である。軽く見るその浮世を渡るのに活発なのは、心の働きである。心の内の底に浮世を軽く見るものが存在するからこそ、思いっきり活発に働くことが可能なのだ。「捨てるのは取ることとの手段である」という。学者がじっくり考えるべき価値のある言葉だと思う。

たとえば、碁・将棋の晴れの勝負に、ぜひとも勝とうとする人はかえって敗北して、無心の人が勝利することが多い。その理由は、勝負を軽く見るのと重く見るのとの違いで、無心の人は、もともと晴れの勝負を晴れと思わず、これくらいの争いに負けてもどうということはないと覚悟しているので、決断が速く駆け引きも活発になるのである。また、軍人が戦のときに、家を忘れ妻子を忘れ、敵に向かって自分の身を忘れてしまうことがあるのは、これもまた、浮世を軽く見るというのと同じである。普段はひたすら我が家を思い妻子を愛している。まして、自分の身を大切にするのは人の心の常であって、ちょっとした病気にでも用心を怠らないのだが、さて戦場に向かうということになれば、それらのことを一切忘れて物の数とも思わない。それは、自分の身と共に家も妻子も軽く見て、もともと無一物という安らぎの心が決まるからであって、この決心があってこそ水火に入る勇気をも生み出すことができる。浮世を捨てることは、浮世を活発に渡ることの根源であると知るべきである。

物事の一方に凝り固まって、その思いを忘れることができず、ついには事柄の軽重を見る目を失って、ただ一筋に自分が重んずることを重んじ、結果として意の通りにならなければ、人を恨み世を怒り、怨恨憤怒《えんこんふんぬ》の気が内に熱して顔に表れ言葉や行動に出て、大事に臨んで方向を誤る人が多い。単に本人のためだけでなく、社会のためにも不幸であると言うべきであろう。

一四　至善を想像してこれに達せんことを勉む――凡人には宗教も必要

人間の想像は無限であって、実行の範囲は非常に狭い。駕籠《かご》に乗って山道を行くのは大変なことで、平地を人力車ならどんなにいいだろうと思う。しかし、実際に乗ってみれば、まことに遅々としている。ならば、駕籠よりも人力車よりも何倍か飛び離れて速い汽車の便利さを取ったら、もはや不平はないかというと、決してそうではない。汽車の速力の時速三十キロはあまりにも遅くて、五十キロ・百キロのものでもまだ満足しない。百キロに到達すれば百二十キロを思い、ついには百五十キロ・二百キロと、ますます速くすれば、ますます遅く感ずるのが人の心の常である。たとえ風船を自在に操って一日に数千キロを走っても、これで満足のいく速力と思う人はいないだろう。

それは、つまり想像力が働くからであって、人の想像は宇宙をすべて網羅し尽くしており、歴史始まって以来今日まで、かつて満足したことがなかった。

金満家が多くの財を集めて、ますます財を集めようとし、英雄豪傑が広く領土を所有して、ますます遠征しようとするのも、普段の想像しているものと比べて不足を感ずるからである。

すでに有形の物についてそう思っているとすれば、無形の道徳についても同じであるとしか考えられない。善を善とし悪を悪とする心は、人間誰しも持っているのだが、その人の賢愚の程度に従って善悪の想像に深浅の差があるのは免れない。知的な能力が単純である凡人は、眼前に映る物を見て、すぐに善と悪とを判断して、小さな善を善とし小さな悪を悪として範囲が狭いだけでなく、ひどいのになると、その判断を誤ることさえないわけではない。が、徳の高い人格者は、それとは違う。自ら善を行い悪を避け、更にそのうえに、人間の心に発する可能性のある善悪を想像して、勧めたり戒めたり、より高尚な方向に進めようと工夫する。そしてまた、自分一人の想像では不足であるとして、古人の書を読み現代の人の話を聞く。古い書物や師と敬う友人が大切であるというのは、こういうことなのである。

また、その古書の中でも聖書・経文などは、遠い昔、宗派を開いた聖人・賢人の言葉を記したものであり、こうした人は、もとより抜群の知識を持っているので、想像するものも高尚広大である。後世の私たちが見るときは、「至善（最高の善）」としか言いようがない。釈迦《しゃか》・孔子・キリストのような人たちは、いずれも想像の頂上に達した人であって、それに加えて、自身の立派な行いもまた、おのずから想像するのにいささかも不安がない。孔子の言う「七十にして矩を踰《こ》えず（七十歳にして思いのままに振る舞っても規準を踏み越えることがなくなった）」というのは、つまり、こうした境遇のことである。

釈迦やキリストは、この想像の世界を名付けて、仏界あるいは天道と称し、広くすべての人を教化してその世界に導こうとした。教化の過程で教えられる話には、いろいろ不可思議なものがたくさんあって、今から見ると信じられない内容なのだが、ただ、これらは、凡俗な人たちに説くための手段であり例え話であって、本来の目的は、聖人が持っている最善の想像力で描き、自らその身で体験している満ち足りた境遇に人々を押し進めようとすることであった。

以上のようなことから考えて、私たちが修養を積んで、家庭を治め、世の中を生きていく道を誤らないためには、まず自分ができる範囲内の善を行うと共に、更に想像してその上の善を思い描き、それに到達しようとして勉強するのが最上の方法のようである。一善また一善と、次第に前途の望みを高くして際限のない状態は、人力車に乗って汽車を想像し、汽車に乗ることができても、それに満足せずに更に上を望むのと同じである。自分が何を望んでいるかをよく知って、それに対して実際の行動がどうであるかを省みれば、想像が高くなればなるほど、ますます自分の道徳的な行いが低い位置にいることを感ずるだろう。それは、生理学の中心となる大切な知識を知って、自身の不養生に気付くのと同じである。

こうしたことが、私が修養の要《かなめ》として今日まで守ってきたことであるが、そうは言っても、人間が生きていくうえには、遺伝的に賢愚の差があり、教養の深浅・交際相手の高卑の差もあって、進んで最高の善を想像し、進んでそれに到達しようと努力するというのは、社会の上流の男女でこそ可能な修行である。その人たちを除くと、この広い社会は、貴賤《きせん》貧富を問わず、ほとんどが暗黒の中に住む愚夫・愚婦ばかりで、自分から最高の善を想像するようなことは到底望めない。現実は、昔の聖人が善とした事柄を想像し、昔の聖人が実行した道徳の教えを聞いて、素直にそれに従う道があるだけである。それが、今の世に宗教を必要とする理由なのである。

一五　霊怪必ずしもとがむるに足らず——霊怪は凡人の教化に利用できる

疑心は、ありもしない恐ろしい鬼の形をも見せるという。

子供たちの遊び事に百の物語を語って、一話終わるごとに一灯を消し、語り終わって百灯が消えて真っ暗になったときには、座敷の物すべてが妖怪の姿に見えて、窓に当たる風の音も鬼が叫んでいるように聞こえる。また、古器物を愛する人が、瓦の破片を手に入れて大喜びし、これは秦《しん》の始皇帝の阿房宮《あぼうきゅう》の古瓦と、自分で勝手に鑑定して信じ込み、人にも語って、聞いた人もまたそう信じれば、いつしか古瓦は有名になって、次第に年月を経て二代目三代目に伝えられるときには、本物として疑いのない珍品となったりする。

現代の学者たちの世界では、宗教を非難し、なかでも霊怪説を事実無根の極端なものとして攻撃している。宗教家だとて根拠のないということを知らない者はいないはず、知っていて説くのは横着者であり、知らなくて説くのは愚か者であるということを理由に、排斥しようとする人が多い。

けれども、私の見るところでは、彼らは、必ずしも横着者ではない。信仰心がきわめて厚いので、時としては霊怪を認めることもあろう。疑心が実在しない鬼の姿を造ると言えば、信心もまた霊怪を造ると言わざるを得ない。実際に霊怪を聞いたり見たりしたと信じ、そして、そのことを人に語れば、聞いたその人もまた信じ、伝えまた伝えて社会に流布し、後世に残るときには、霊怪は怪ではなくて霊妙——尊く不可思議であるとして、尊んで信仰するものとなったのである。とがめるようなことではない。

ある人が宗祖である誰それが往生したときに紫雲のたなびくのを見たとか、また、ある人が帝釈天《たいしゃくてん》や如来様に会って親しく教えを授かったとかというようなことは、普通一般の理屈から言えば一笑に付していいことだが、今の世の人でも、碁・将棋に凝る人が、睡眠中に妙手を考え出すことがある。また、詩人が、夢の中で名句を得て翌朝目覚めてから驚くという例も少なくない。実際、私自身も文章を書いている深夜、執筆に疲れて机上で居眠りしながら、ふと思案のヒントを得て、独りで拍手して喜んだりすることがある。ただ私は、自分自身を固く信じているので、その夢を神仏のお告げだなどと変な考えを持ったりすることはない。

昔の宗祖たちは、想像力に優れ、信仰心に厚く、ひたむきに一つの事に向かって無意識のうちに信じ込んだ状態に達した人なので、時には天の言葉を聞き神の姿を見たのかもしれない。空想が更に飛躍して、事実と同じ様子が現れたのだろう。

ましてや、その天の言葉・神の姿の霊怪話は、伝えられるたびに枝に枝を生じ尾に尾を付けて、交通不便だった時代の狭い世界を幾百年も過ぎてきたのである。霊はますます霊妙になり、奇はますます奇怪になるのは当然である。決して、それを言う人たちが横着なのではない。これからの時代も、霊怪説をそのまま疑わずに凡俗な人たちを教化するのに利用するのは、少しも妨げがないばかりでなく強力な格好の方法である。

一六　士流学者また淫惑を免れず――君臣主義もまた一種の宗教

ある論者は言う。日本の上流社会は、同じような境遇の士族が集まっているのではなくて、いろいろな階層から士族になったという人たちの集団である。彼らが心に思うことは水のように淡々としていて、先祖の来歴を問題にせず、生死や冥土《めいど》について語らず、そうした事を一切気に掛けない。殊に、最近文明が進んで教育が盛んになるにしたがって、そうした気風が道徳の域にまで入り込み、考えることがますますさわやかになっているようだというのである。

要するに、この上流社会の人たちは、生まれてこの方、物事を誤って信じたり、みだらな誘惑に染まったりということがないので、この人たちを教化して宗教の世界に入れようなどということは、到底望むべきことではないというのである。

一説として聴くべき点があるようにも思えるが、この意見を述べる人は、上流社会の人たちの宗教上の事柄について知っているだけで、本来の全体像に気付いていない。彼らが宗教に対して淡々としているということは、まぎれもない事実だが、数百年来儒教の薫陶を受け、封建時代の君臣主義のもとで養育され、代々厳しい習慣を続けてきた生活は、一種の宗門信徒と言ってもよいであろう。宗門と言ってしまえば、その中には、主張の美が存在すると同時に、誤って信じたり、みだらな誘惑があったりするのも自然の勢いで、決して免れることはできない。

主君や国家の大事のために肉親を捨てるのもやむを得ないとする大義滅親の思想は、子を殺して幼い主君の身代わりにしたり、娘の身を売って亡き主君の復讐《ふくしゅう》に必要な費用に充てたりという、痛ましい情況を呈しても、それを怪しむ人がいない。殉死は冥土で主君のお供をするためであり、手討ちにされた忠臣が幽霊となって主君をいさめるというようなことは、いわゆる「君臣宗教」の中の誤った信心、邪淫への誘惑と見るべきである。

時代が下って封建時代の士族について言うと、高尚な思想を持ち、小事にこだわらない自由闊達《かったつ》な学問に熟達した人が、他人の古着をもらい、残した食べ物を食い、しかもその古着にアカが付いていたり、食べ物も箸《はし》を付けた本当の食べ残しであったりすれば、ますます感謝してありがたがるという。そして、その感謝の対象となる人はどんな人物なのかと尋ねると、いわゆる大名で、十人中七、八人は学識なく、心身共に虚弱で言行が定まらず、ぜいたくでみだらな遊興にふけり、極端な場合は、豆と麦との区別もできないようなのも少なくない。生理学のある視点から見れば、社会の最下等の人種で、学問を修めた徳行高い人の風上にも置けない人なのだが、どうしためぐり合わせなのだろう、そうした下等な人を信ずる心が厚くて、前述のようにあがめ尊ぶということになるのである。

これが誤信でなくて何であろうか。封建制度全盛の時代であれば、信者も世間一般の人も気が付かなくて当然であったろうが、明治の今日、過去の有り様を振り返れば、必ず自分で発見して自問自答しなければならないこと、そして、自分では説明できないことであろう。こうした誤信や邪淫の惑いは、多少の差こそあれ、世界万国、いつの時代にも必ず存在する。例えば、優れた見識を持ち、周囲に束縛されない人物と自任しながら、つまらぬ人間の作為である爵位勲章などを身に付け、黄金を珍重賞美して自ら満足しているようなのは、一種の誤り・惑いに間違いないのだが、世間にはこれを怪しむ人がなくて、かえって、他の卓越した見識者に羨望《せんぼう》の念を起こさせることが多い。

この浮世は、立派な識者も、つまらぬ小人も、入り混じって迷いの淵《ふち》に沈んでいる。誤信淫惑は人の信仰心に伴うものであり、それゆえ、日本の士族の学者たちにはその素質がないので宗教に入ることは難しいという論には、私は承服できない。士族の一部の人たちは、今や封建時代の「君臣宗」を脱して進むべき方向を見つけようとしている。彼らの心の内は、淡々としていないというだけではなく、むしろ濃厚であって、おおらかで快活というわけではないので、信心の方向を転じて宗教に入ることはきわめて容易である。士族も学者も大雑把に見れば世間知らずの集団である。宗教に教化される人として、まことにふさわしいと言えよう。

一七 造化と争う――天の力を制して人間の領分を広げよう

人は極めて小さなものでウジ虫に等しいというのは、人ごとではなく、自分も共にウジ虫であって、他のウジ虫と雑居して社会を造っているのだから、ウジ虫だからとて決して軽んじてはならない。いやしくもこの世に生まれたからには万物の霊長であって、地球上の至尊――最も尊いものである。人をウジ虫として軽く見るのは心の本体であって、霊妙至尊を認めるのは心の働きである。よくよくこの事を区別して、人間を霊妙至尊の物であると決定したからには、その位に相応するだけの働きをしなければならない。

さて、それにはどうするか。

人間の衣食住は自然に生ずるものではない。天からの恵みが大きいとは言っても、一方から見れば天はただ堅い約束だけで、天然の物に人の力を加えなければ用をなさない。それだけでなく、耕した田地も少しでも手入れを怠れば、自然に草が生えて荒れ地と化してしまう。天はただ人間に元になる物を貸すだけで、借用人がその機能を使いこなさなければ取り返してしまうようである。そのうえ、天は意地悪で、海に波を起こし陸に風雨を荒らして人間を妨害しようとするので、風雨を防ぐのに家を建て、波を渡るのに船を造り、より安全にするためには、家と船とをますます堅固にして天の力に抵抗しなければならない。そして更に、天は秘密を守って人間に教えるのがケチである。人間を病気で苦しめながら、その治療法を容易に人間に授けない。蒸気や電力なども、歴史始まって以来久しく秘密にしていて、近年ようやくその一端を示しただけである。そうしたことからも、天の意図がどの辺にあるかを知ることができよう。

ゆえに、万物の霊長、地球上の至尊と称する人間は、天の意地悪さに驚かずに、これにどう対処するかを考え、天の秘密をあばいて我が物とし、一歩一歩人間の領分を広くして、この世の楽しみを大きくしていくことが大切である。私の持論「与造化争境」「束縛化翁是開明」〈造化と境を争う〉〈化翁を束縛す、これ開明〉造化、化翁ともに宇宙の万物を創造した神の意）というのもそうした意味であって、物理学の要はただこの一点にある。

まさに今、世界開明の時代とは言っても、天の力は無限であり、その秘密もまた際限がない。この後、五百年も五千年も、ますます天の力を制して増長を防ぎ、秘密を摘発して利用することが人間の役目である。

一八　人間社会おのずから義務あり――〝持ちつ持たれつ〟が文明社会の姿

深山幽谷に隠れ住んでいわゆる仙人にでもなれば別の話だが、いやしくも同じ人間の仲間が集まって浮世の衣食住を共にする以上は、自分の一身一家を維持すると共に、仲間の人たちに対する義務も果たさなければならない。「我は独立の身なり、一毫《ごう》（ほんのわずか）も取らず一毫も与えず」と言えば、仲間と縁のないもののようだが、他人の著した本を読み、発明した機械器具を使って便利な暮らしをすれば、間接的にその著者・発明者の残してくれた恩恵に浴したということである。自分の家の失火で近所の家を焼き、家族の伝染病菌を周囲に流すようなことは、悪心こそないにしても、事の結果を見れば、他人の財産を奪ったり、他人を殺したりするのと異ならない。

こうした例を数えあげれば際限がないだろう。人間は、お互い深いつながりがあるのだから、我が身が仙人ではなくて、社会に雑居している仲間のうちの一人であるということを知る者は、体力を強壮に精神を活発にしたうえで、まず自身と家族の生計を立て、身を粉にして働いても直接他人の厄介にはならないようにし、懸命に勉強すると共に常に見聞を広めて社会公共の利害に注意し、事業を営むのにも間接的に社会に役立つものを選ぶのが本来あるべき姿である。

賭博《とばく》に勝った金は酒を飲むには十分だろうが、その金は、誰かが損をした結果手に入れたものである。慈善家に恵んでもらった金のお陰で家計が助かるといっても、その金は、他の誰かのために役立てて得たものではない。文明の世の人が快しとしないところである。この道理を広げると、金を貸してその利息で生活する人は、事業を起こしてその利益を使用する人には及ばない。高利貸しが卑しまれるのは偶然ではない。文明の世に商業・工業が次第に発達すれば、物を売る人も買う人も、人を使う人も使われる人も、共に利益を得て共に社会の楽しみを増し、直接的に恩恵を施す人はなくなって、間接的に恩徳に浴する人が多くなる。こういうのが、文明社会における本当の人間の姿であろう。

一九 一言一行等閑にすべからず——精神を鍛えて言行の美を会得しよう

「大海の一滴」「九牛の一毛」というのは、普通一般によく使われる言葉で、一滴の水は大海の水の増減に影響しない、九頭の牛の一毛は物の数ではない、という意味であろう。しかし、綿密に考えれば、たとえ一滴一毛たりとも、決してなおざりにすべきではない。足で大地を踏めば、多少の震動が起こって、周囲にある家屋・樹木・石をはじめ一切の物がその震動の余波を被る。それだけではなく、地球全体が影響を受けて、他の天体との関係にも変化を及ぼすだろう。ただ、人間の目には見えず、機械でも測量できないくらいの小さな事というだけにすぎないが、理論上では確かにそう言える。有形の物も無形の事も理論上は間違いないのだから、人間は言行を慎むべきであるのはもちろん、その一言一行をも、それがたとえ何の意味もない戯れであっても、おろそかにしてはならない。

ほんの一言他人の機密を漏らしたことで、その人の利益を妨げ、家を滅ぼし、死に追いやる結果になったということも、昔は多かった。そうした極端な例は世の人の目や耳に触れるのだが、人に見えないところ聞こえないところに、禍福の根源が造られているという場合が、どれほど多いことか。そうした世間の風潮が、激しい勢いで今日もきっと造られつつあることだろう。

ちょっと人と面会して、温かい言葉で相手の心を和らげたり、あるいは忠告したりしたときに、たまたまその相手の人は悩んでいる最中で、その言葉を聞いて進む方向を決定し、安らかに人生を過ごして幸せを子孫にまで残し、幾百年もの長い間、幾百千人ものたくさんの人が、先祖の余徳を被ることがある。

その反対に、人の言葉を胸に受け止める度量がなくて、自分の意にかなう人だけを愛し、逆らう人を憎み、愛憎定まりなくて相手を混乱させ、そのために間違いが起こって、その間違いが更に第二の間違いを引き起こし、ついに大変な事態になることもある。

愛憎は単に個人の間の私的なことであるけれども、長い歳月の後には、その災いが波及する範囲は広大である。主人の一笑は家人を喜ばせ、妻の一顰《いっぴん》（しかめっつら）は夫の心を悲しませ、長老の一言は後輩の進む方向を左右し、少年の一挙一動は賢愚を判定する物差しとなり、一席での不愉快が元で生涯の交際を誤り、一物を得るか失うかのために人品の高卑を態度に表すといったようなことが、人間社会の一般的な状態である。そして、その愉快・不愉快は、単に一時そのことに直面している人だけの問題ではなくて、後々までも尾を引いて、幸・不幸の源泉となるであろう。

もう一つ例を示そう。今日、我々が属していて、国内に流行している洋学の創始者は、旧中津藩医前野蘭化《らんか》（良沢）先生である。今から百年以上も前になぜ先生が洋学を志されたのかと尋ねたところ、当時同じ中津藩のある藩士が、たまたま横文字の紙片を先生に示したのがきっかけであるということだった。その藩士がどういう意味で横文字を示したのかは不明だが、今考えてみると、一片の古紙が天下を震動して、その余徳が百年の後に影響を与えたということは確かである。

以上述べたことに間違いがなければ、人間世界の禍福は、到着するのに遅速遠近の差はあっても、おおむね人間の言行が原因となっているのは事実である。ほんの少しでも口に出したり行動したりしたことは、千年の後までも不滅であると言ってよいであろう。ゆえに、私たちが家を守り世間を渡るには、一言一行・一笑一顰もおろそかにせず、十分慎むべきなのはもちろんであるが、多忙な生活の中で、事あるごとに、殊更に慎み、終始注意を傾けようとするのは、実際にはかなわぬばかりか、かえって窮屈であり不自由を感ずるだけで、ついには何もしないという状態に陥るということにもなりかねない。

少年の時から自ら精神を鍛錬し、たくさんの事物をうっかり見逃したりすることなく観察し、綿密な思考力を養うことによって、やがて習慣が蓄積して第二の性格が誕生し、知らず知らずのうちに言行の美を会得するであろう。

二〇　一夫一婦偕老同穴――フリーラブは断じて認められない

男女同室は人倫の大道だという。いかにもその通りで天然の約束であろう。天然の約束に従って、その同室をどういう方法で行うかというと、人間が生まれるのは男女ほとんど同数だから、一夫一婦もまた自然に成立しそうである。ただ偕老同穴《かいろうどうけつ》といっても、いったん定まった夫婦は生涯離れることを許さないというのに対しては、異なる考え方がある。その論者は言う。男女がめぐり会って夫婦となるのは、愛情が存在するときだけである。愛情がなくなったら別れるべきである。男女とも、身体の強弱、気持ちの緩急など、歳月の間に変化するのは当然であり、二人の間の交情にも変化が起こるのは自然のことである。それなのに、すでに変化した二人に対して無理矢理室を同じにさせるというのは、天然の約束に背くものである。愛情をお互いに与え合うことができたら契りを結んで夫婦となり、愛情が尽きたらそれを期に別れて、別の良き配偶者を求めるべきだというのである。この論を名付けて自由愛情論――フリーラブと言う。

なるほど、いい意見のようではあるが、昔からの偕老同穴は、人倫の最も重要なものとして、長い長い間その習慣は続いており、社会全体の組織もこれが基盤となって整えられている。今にわかに変えようとしても容易に行われるようなことではない。

人間の世界の道徳論は、古くからの習慣から生まれたものが多く、広く一般の人たちの目で見て美とするものは美であり、醜とするものは醜である。例えば、物の清潔・不潔についても、もともとの物質を化学的に吟味すれば、天地の間に何一つとして不潔な物はない。あれやこれやを不潔であるとするのは、物が不潔なのではなくて人間の感情が不潔と認めるだけのことなのだが、世界の広い地域の人の多くが不潔であるとすれば、それに従わないわけにはいかない。化学者が、どんなに多くの言葉を使って論じても及ばない。

今日の世において、フリーラブは天の命ずるものであって、道理に背くものではないと言っても、広い世界の多くの人々が、醜である、不徳であると認めるときは、道理の論は暗い所で息を潜めていなければならない。ましてや、数千年来、人間社会の家は今の婚姻法と同じ形で組織されており、すべての物事は整然とした秩序のもとに美を保持している。フリーラブなど心に思うだけで、口に出してはならない。たとえ思い切って口に出すことがあっても、断じて実際に行ってはならない。歴史始まって以来今日に至るまでの進歩の範囲内においては、一夫一婦偕老同穴を最上の倫理と認め、これに背く者は、人間と認めず動物として排斥すべきである。

(三) 配偶の選択——選択の基準は血統・健康・知能

人間として子孫のことを思わない人はいない。夫婦は子孫繁栄の基であるから、良縁を求めて良い子を産み、良い孫を見たいと思うのは自然の気持ちであって、男女とも結婚相手の選択には特に細心の注意を払う必要がある。

さて、それでは選ぶ基準をどう考えたらよいであろうか。第一は血統、第二は健康、第三は知能である。このほかに、男子の風体、女子の容色、そして家風、家柄、由緒、貧富等、様々考慮すべきものはたくさんあるが、第一から第三までに欠けるところがあれば、縁談はまずご破算にすべきである。

男女の風体・容色がどんなに優美であっても、血統に遺伝病の懸念があったら恐ろしいことである。家柄は由緒ある名家でも、本人の体が虚弱、知能が低くて家事に堪えられない人は問題にもならない。要するに、配偶者は、夫として妻として良い人を選ぶと同時に、父として母として適格者であるかどうかに注意することが特に大切である。家柄は、清和源氏でさえもその血統はかなり前に朽ち果てて祖先の跡形もなく、何代もにわたる人たちも、いわゆる貴公子・お姫様ばかりで、身体虚弱、精神不安定で、社会の役に立たぬ者が多かった。

そうであれば、家柄の詮索《せんさく》は全く無駄であるかといえば、決してそういうわけではなくて、源氏平家の門閥論は別として、だいたい人間の心身には遺伝の性質があり、取るに足らない微妙なところまでも、父母祖先の面影をはっきりとどめていることがある。例えば、子の顔かたちが父母に似るのは当然だが、父を見たこともない孤児の書が、亡父の筆跡に大変似ているということなどは、不可思議というほかない。

遺伝の約束がこれほど厳正であるうえは、配偶者を選ぶには、現在の身分・貧富・貴賤とは関係なく、この人をと見定めたならば、父母祖先をおよそ四、五代の上までさかのぼって、その家の職業・家風、人物の知能程度を調べることが肝要である。牛馬を買おうと思えば、まずその親の性質を問題にし、穀物を作るにも種を吟味していながら、人間の親になるであろう配偶者を選ぶのに、心身の健全な家柄かどうかということをなおざりにするのは、事物の軽重を知らない人と言うべきであろう。

〔三〕家族団らん——家族みんなが平等に楽しもう

夫婦仲良く一心同体、思ったことはそのまま話し、話すばかりでなく相手の言うことにも耳を傾ける。単に話す聞くばかりではなく、四つの目を見つめ合うことで、お互いの心が十分理解できて用向きが達せられることもあろう。これを不言の言という。

時には二人の意見が異なることがあっても、自分の意見が是か非か、自ら心の中で裁判すれば、他人に判断してもらうような面倒を掛けなくとも、早速に落ち着くところに落ち着くであろう。

休むことなく励んで内外の仕事を分担し、辛苦を共にし、楽しい事を同じくし、父母に従い、子供を養い、一家の暮らしの貧富盛衰を家族で平等に分かち合い、厚い薄いの差別の全くない情況は、まさに天然の寒暑晴雨を共にするのと同じだから、苦楽は家の苦楽であって人の苦楽ではない。家族の誰もが、以前から同じ程度に苦楽を感じていて、その間に少しも差がないとすれば、たとえ不幸にして貧苦の生活をしなければならなくなった場合でも、苦しみの中にかえって和やかな団らんの気持ちを厚くし、安らかな心を持つことができよう。ましてや、資産の豊かな家族の場合においては言うまでもない。

洋々とした人生の楽しさは、家族が平等に快楽を得るところにある。恩恵を与えても気にせず、与えられても自分の徳のせいにせず、家族の美を見て自分の美のように思い、自分の不愉快を家族もまた共にする。同じような遊びを幾たび繰り返しても飽きることなく、古い物語を何度聞いても初めて聞いたかのようであり、子供たちのにぎやかな談笑の声はまるで音楽のようであり、その合間に大きな間違いがあっても、笑い飛ばして問題にしない。炉辺の渋茶は甘露のようであり、手製の団子はこの上なく美味である。家族の人々の一挙一動、一事一物、すべて快楽の元とならぬものはない。ゆえに、貧しくても、豊かであっても、家族団らんの最高の楽しみは、他人が知ることのできないところにあって、家族だけが享受できる。他人には語ることのできないものである。西洋の言葉では、これをスイートホームという。「楽しき我が家」という意味である。

人間の家に楽しくない家はないはずなのだが、人の心は様々で、楽しい家をわざと苦しい魔物の世界に変える者もないわけではない。貧苦は人の心を荒くして、そのために家族がけんかするようなことは珍しくない。

そのことは、しばらく置くとして、富貴もまた魔物の道の案内者になったりする。一家の暮らしがようやく温かくなったのをよいことに、家族の一人が、ひそかに自分の欲望を満足させようと道楽にふければ、誰に遠慮することもなかった一家の間に、口に出してはならぬ禁句が生じて、その後は、家族の交わりが素直な心ではなくて、策略を用いなければならなくなる。そうなれば、団らんの快楽はただちに断絶して、楽しき家は滅亡したと言わざるを得ない。それでもなお、大きなもめ事を起こさずに家を治める人もあるようだが、現実は、家族の人たちが主人の権力を恐れて従っているにすぎない。

内に潜んでいる災いの元は、次第に深くなって、遅かれ早かれ一度は必ず外に噴出する。たとえ、自身の一代は表面無事に首尾よく終わったとしても、子孫の不幸は免れない。要するに、自身の欲望と楽しい我が家の気風とを取り替えたということであって、事物の軽重を誤った者というよりも、品性の卑しい男性として排斥すべきである。

三　苦楽の交易——結婚は苦しみも楽しみも倍にする

家族団らんは非常に楽しいことであるけれども、だいたい人間世界での事柄は交易主義で組織されていて、小さな末端の事に至るまでも、報酬なしで手に入れられるものはまずない。働かなければ衣食は得られず、自分から与えなければ人もまた与えてくれない。苦は楽の種で、楽は苦の前兆である。ゆえに、男女同室に居るのは、人倫の大道で無限の快楽であるとは言っても、この快楽もまた、与えるものがなくては決して得ることはできない。

もともと人が持っているわがままな性質の側から言えば、独身ほど気楽なものはない。あらゆる快楽を独りで満喫し、苦痛な面があれば自業自得と観念するだけである。日常の寝食、立ち居振る舞い、すべて自由気ままで、遠慮しなければならぬ人もいない。世の中で自分一人だけが素晴らしい人物——唯我独尊と思えるような境遇だが、結婚して、人の妻となり人の夫となるときは、その日から独身の気楽さは断ち切られて、寝るのも起きるのも、立ち居振る舞いすべて思い通りにならず、食事の時刻や食べ物の中身さえも、あれこれと考えて自分の望みは遠慮しなければならない。

ましてや、病気などのときは、相手の苦痛はそのまま自分の苦痛であって、看護の心配はどれほど大きいことか。資産豊かな家であれば、医者・看護人など手当てする人に不自由ないように思われるが、大切な患者を人に任せて安心しているわけにはいかない。また、患者も、そばに肉親の人がいなくては寂しいので、たとえ治療には役立たなくても、自然の人情として病床のそばを去るべきではない。

そのために、夫の病気で妻は家事ができず、妻の病気で夫は外での仕事ができなくて、気分の晴れない日を送るという例が多い。こういったことは、要するに独身を終えて結婚するというのは、これまで苦労の種が一つであったものを二つにすることで、ソロバンの上ではまことに割に合わないように思われるが、その代わり、結婚後の楽しみは、独身の寂しいときの倍以上あるから、差し引きすると勘定は合うことになる。それだけでなく、子供を一人産めば、一人分の苦労を増すと共に喜びもまた増し、二人、三人と次第に子供が多くなれば、苦楽の種が多くなって半苦半楽、結局は、人生の活動範囲を広くするものと言えよう。

その辺の道理を知らずに、結婚を単に快楽の基であると思い、子供を産むのは家庭の幸福であると予想して、結果が予想と違えばひそかに自分の義務を逃れようと横着な心を起こして、夫婦の不和となり、互いの病気にも看護が粗略となり、更に極端な場合は主人の不品行となって、自身を汚し家風をくずして、ついにその災いを子孫に残すこととなる。

結論としては、人間が浮世を生きていくには、苦楽の交易の約束があることを悟らなくてはならないということである。楽の一方にだけ心を奪われ、俗に言う丸儲《まるもう》けしようとしては、丸損してしまうことを忘れてはならない。

二四 夫婦の間敬意なかるべからず——家庭は夫婦の共同経営で

夫婦が家庭で互いに親愛し合うことは当然であって、特に周囲にいる人から、互いに親愛し合いなさいと説き勧める必要はないのだが、夫婦の間には、親愛のほかに敬愛がなくてはならない。だいたい人を敬う方法は様々ある中で、伝えるべきことを伝えずに隠すことくらい不敬であることはない。夫婦が一家を共にして、一心同体、共に家庭を維持していく責任を負っていながら、一人が何かを秘密にして隠していたのでは、他の一人も不愉快の思いを抱くのは当然である。

よく注意して世間の様子を見ると、女性は内を治め、男性は外で働いていて、一家の主人が四方八方奔走し、あくせくと苦労して家族の暮らしを整えているのに、内にいる主婦は、その資金がどこから出ているかを知らず、どうやって手に入れたかを知らず、我が家の現実は、果たして富裕なのか貧乏なのかを知らず、去年と今年との家産の増減盛衰を知らず、といった状態である。時には転居して立派な新築の家に住むこともあれば、これまでと比べて極めて粗末な家のこともある。あるいは家族全員遠方に移り住み、間もなくよそに転じて、次にまた元にもどるなど、変化の激しい場合であっても、一通りの話を聞くだけで詳しい内容を知らず、ただ主人から渡されるお金でその時その時の家計を営むだけで、一切事情の分からぬなかで月日を過ごし、名前こそ一家の主婦だが、実際は宿泊している客と同じような者もいないわけではない。幸いにその女性が気楽な性質で、宿泊客の境遇に満足して悠々と日々を過ごせば、ただ家事が不得意でお金を無駄にするだけですむが、それとは逆に、神経が鋭くて心配性であったりすると、朝夕の夫の様子を見て不審に思い、だからといって夫に尋ねることもできず、独りあれこれと思案して、うまい物を食べても心配事が邪魔してうまいと感じない、軽くて暖かな衣服も楽しい気分で着るわけでないので、軽やかでもなく暖かくもない。ウツウツとして精神が安定せず、ついには病気になってしまうということも、世間には少なくない。

夫の健在の間は無事に過ごせたとしても、死亡した場合の後始末は実に気の毒である。夫が勝手気ままにやってきた暮らし向きに関する事は、未亡人の全く知らない事で、書類・帳簿などを見てももちろん分かるはずもなく、親類や友人たちが相談して調べることになるのだが、生前には大事に大事にして一切他人に語らず、最も近い間柄である妻にさえ話さなかった秘密が、公然と調査の席で披露され、それが伝えられて世間の人の耳目にも触れて、無責任な遠方の人はそれを聞いて茶飲み話の種にすることもあろう。夫のこの上ない不始末と言うべきである。

要するに、主人たる者が、同等の権利を持っている妻に対しての敬意を失い、妻を見下げて、夫婦共有であるべき一家の暮らしについてのことを話していなかったという罪による結果である。

そうは言っても、違った視点から見れば、戸外での仕事は女性が深くかかわるものではないし、それに女性にも知的な才能の乏しい人もあることだから、私は、必ずしも夫婦は一家の暮らし向きにかかわる事を一緒にしなければならないと言うのではない。ただ事の成り行きを丁寧に語り聞かせて、時々は現在の実情を知らせることの必要性を述べているのである。いかに才能が乏しくて暮らし向きに通じていない女性でも、丁寧に話せば暮らし方のおおよそぐらいは理解できない者はないだろう。男性の深く反省すべきところである。

三五 国光一点の曇り——一夫多妻は文明国の恥

新日本は文明の国であって、すべての物事を西洋の例に倣い、政治・法律・文学・軍備はもちろん、商売・工業の事から社会の交際の風習に至るまで、古いものから抜け出て新しい方向を目指しているが、急速な進歩は、「青は藍《あい》より出《い》でて藍より青し」の格言の通り、むしろ諸外国をしのいで上を行く情況にあり、実に愉快である。

国の威光は計り知れず万々歳で、国力がぐんと増しても、なお勉励怠らないのが国民一般の気風であって、私もまた、もちろん国威論者の一人であるからには、共に力を尽くしてますます新文明国の名声を盛んにし、もしも国の名誉にかかわる事であれば、ほんの少したりとも外国に後れを取ることはしないと約束する者である。しかし、不幸なことに、月に叢雲《むらくも》と言おうか、玉に瑕《きず》と言おうか、我が国の威光を妨げるものがあって、私たち日本人が西洋人と会うときには、大勢の人の前で鞭《むち》打たれているときのような、恥ずかしい思いに駆られてしまう。

その妨げというのは何か。新文明人である日本国民が、今日なお一夫多妻の悪習慣を脱することができないという大きな欠点のことである。男性と女性との関係は、人間の秘密中の秘密で、その実態をあばいて公表したら世界中どこもだいたい同じようなものだろうが、私は、人の秘密を明るみに出そうというのではない。ただその外面について論ずるだけである。

さて、その外面を論拠として日本と西洋とを比較し、日本の風俗習慣がどんなであるかを問われたときに、それに対して答えるには、ただ慚愧《ざんき》の二字があるだけで、まことに恥ずかしい思いでいっぱいである。

古くから我が国には、一人の妻のほかに妾《めかけ》を持ってもその事を禁ずる法律はなく、大名や位の高い名門の家では、家系を絶やさないためにという理由で妾を必要なものとした。

数百年来の習慣は、世間の誰も怪しむ者がなくて、大名より下の人たちでも財産のある人にとっては、妾を持つのは乗馬を飼うのと同じようなもので、〇〇家には馬もあり妾もあると言えば、それは富貴の家として認められたことであった。

時代が下って明治維新の世となり、万事万物すべて旧弊を改めると言いながら、妾の事についてだけは発言する人がなく、旧弊がそのまま残っているばかりか、維新の変革は豪放磊落《らいらく》な書生を意のままに振る舞わせ、遊女を抱きながら天下の事を論ずるなど勝手気ままで、全く遠慮することを知らないというありさまである。学者・政治家など、文明の先達を自任している人が、行いの一点だけは儒学を学び間違えて公然と花柳の街で遊び、金で美人を買って機会を見て正妻の座に据え、更にそのうえ、妾を意のままに入れたり追い出したり、その入れ替わりの情況は犬猫を飼うよりも簡単そうである。身分の上下を問わず、同じような情況で今日に至り、旧来の悪習ますます濃厚となって、官吏も学者も医者も商人も、多少ともふところの暖かい者は、花柳界での遊びを最大の快楽として恥ずる気配が全くない。それでも、旧幕府時代は、醜い行いは醜い行いに違いなくとも隠れてこっそりという風習があったものだが、今は、陽気に堂々と醜態をさらして、人の目に触れるのも気にしないようである。極端な例では、人を救って悟りを得させるのが役目の出家の身でありながら、妓楼《ぎろう》の酒に酔い、花柳の枝を折る者があるという。聞いてただ驚くしかない。

仮に、ここに一席の珍しい話を作って、そうした日本の風俗習慣にかかわる情況を説明しよう。

今世間でもてはやされている官吏・紳士・富豪・上流商人などが、身にフロックコートを着用し、頭に山高帽をかぶり、金の時計・宝石の指輪を光らせ、外国語の会話・読書に通じていて外人との交際に忙しいのは、確かに文明人であり進歩的な人物である。こうした人が、偶然西洋から来た外人と親しくなったとしよう。しかし、その外人は、生まれつきの生真面目殺風景な性格で、突然話の続きに全く関係のないことを発言したりする。君の奥さんは何という家の子供か、君の口から言わなくても、僕はもうとっくに知っている。その当時、君がいろいろと心を砕いて、彼女を買うのにどれほどの金を投じたか、また、今の彼女たちを手に入れた順番はどうなっているか、新しい女性はどこから来て、古い女性はどこで手に入れたのかということも知っている。私は伝え聞いたのだが、妓女は、半ば芸者半ば娼婦といった中間のが趣があっていい、新吉原の全盛の芸妓は濃厚すぎて、かえって俗っぽい、新橋や柳橋の粋《いき》で雅《みやび》やかなほうがいいそうだ。君の家に出入りする人は、新橋派か柳橋派か、また、芸妓は吉原の活発で無邪気なのがいいと言っているか、などと不作法に質問されたら、何と答えたらいいのだろうか。実際に身に覚えのあることを突かれて、自分はそうした世界の事は全く知らないとも言い難く、また、大いに経験したとも答えられず、返答に随分と苦しまなければならないだろう。

もちろん、これは空想上の奇談漫談であって、普通に交際していくうえでは、こうした殺風景も無作法もなくて、表面はまことに優美である。けれども、その優美な人たちが互いに別の席で会して話すときは、直接に我々の風俗の醜さを攻撃して、その語調もどうかすると聞くに堪えないものが多い。

私が外人と会って、人の前で鞭打たれるときのような思いに駆られると言うのは、その席上で直接彼らが日本人を軽蔑《けいべつ》するのを聞いて赤面するわけではないのだが、外国の新聞や本の中に日本の風俗習慣について書かれていて、一夫多妻についての批判的なことも記されている。そうした新聞や本を読んで、彼らは、この事について我々をこう見ているのだと大方を推測できる。すでにこちらの心の底に考えていることがあるのだから、たまたま外人に会って、何かその辺に関するあざけりの言葉でも投げ掛けられれば、先方にはさほど他意はなくとも、こちらの胸には強力に突き刺さって、一人の身が一国の不名誉を代表しているかのように心を悩まし、俗に言う穴でも掘って入りたくなるほどの恥ずかしさを禁じ得ないだろう。この思いは私の積年の苦しみで、世間には私と同じ思いの人もきっと多いであろう。

今、時流に乗っている男性たちの不品行は、単に本人自身の不利・不名誉にとどまらず、同じ日本人である我々の不利・不名誉、否、外交が盛んである今日では、外国に対しての大日本国の名誉に関する一大事とも言うべきものである。彼ら自身大いに反省して慎まなければならない。私は、あえて彼らをののしったり叱りつけたりはしない。ただ、心中ひそかに彼らの身の不幸を哀れみ、家庭の不始末を推測するとともに、公的には、国家のために十分考慮して自ら改めることを勧告するだけである。否、勧告も通り越して、ひたすら彼らに改心を懇願したい。もしかしたら、積年の習慣は、それが性格となってしまい、改心も難しいかもしれない。それも許そう。もしも急に変えることが難しいのであれば、最初は隠れて極々秘密に、極々窮屈な中で行動して、次第に正しい状態にするよう努めてほしい。節酒を志す人が、宴席などでは絶対飲まず、飲むのは家でだけというように、徐々に悪習から脱するべきである。

要は、ウズラのようにあちこち飛び回る多妻の醜さを恥じるか恥じないかの違いである。社会の風潮が多妻の醜を醜として排斥すれば、悪習は自然に終息するだろう。風潮の発生源は、上流社会の知識人にあるという。知識人が、国家の利益・人民の幸福について論ずるようになって久しいが、品行論が果たして国家の利益・人民の幸福と無関係であるか否か、私が聞きたいと思うところである。

二六　子に対して多を求むるなかれ——子離れはさわやかに

子として親に孝行すべきことは、改めて言うまでもない。胎内から送り出したその時から、父母はひたすら養育に努め、そのための労苦など顧みるいとまもなかったのだ。子がその恩に報いるために孝養を尽くすのは当然の義務である。

不孝者というのは、人の道に外れたことをするいわゆる〝人でなし〟であって、孝行だからといって特に褒めるべきほどのことではないのだが、このことに関して、世間一般の父母の喚起を促したい。

それは、我が子に期待するものが、ややもすれば大きくなりがちだということである。子を産んで養い育てるのは、父母の自然の心であるばかりでなく、現代社会の組織の中では逃れることのできない義務でもある。とすれば、社会人としての義務に従い、父母としての真心を尽くして、産んだ子を心身共に立派に養育し、孝行の道を遵守させるのは当然のことであろう。従わない者があれば、責めるのもよし叱るのもよし、すべて父母の権利に属するのだが、しかし、更に一歩踏み込んで、自分自身の生きる手立てを子に要求するというのは、常軌を逸した考えだと思う。

人生における真の独立というのは、この世に生まれて父母に養ってもらい身分相応の教育を受けたら、その先は、死に至るまで自活するという覚悟を持って生きることである。言い換えれば、心身が屈強である年齢のうちに、働いて自力で生活すると同時に老後の用意も怠らないということである。老後の備えがあれば、他人を煩わすことのないのはもちろん、最も近い肉親である子に対しても、ひたすら愛情を厚くして、子の優しさを愛することができる。ほかに求めるものは何もない。時には、子が父母に尽くしたいという気持ちから、老後の楽しみに役立つようにと金銭などの贈り物をしてくれることもあろう。そうした場合は、他人行儀に辞退したりせずに素直に受けるべきだが、広く世間を見れば、往々にして事の本質を誤って、「我は父母なり、汝《なんじ》は子なり、子が父母を養うは当然の義務なり」といって、一切の生計を子に負担させ、ひどいのになると心身共にまだまだ元気なのに隠居してしまい、ひたすら子に依存するのみか、子に無理矢理出費させてぜいたくするという者もないわけではない。まことに苦々しい風習である。

下等社会において、娘の身を売って家計の貧窮を救うといった大悪事が横行するのも、こうした風習の余波であろう。また、中以上の家庭でも、子供の教育を父母の義務とは考えずに、腹の中でひそかにソロバンをはじいて、この子に教育を受けさせれば自分たちの身も先行き安泰であると考え、学び終えたばかりの年端も行かぬ子を生活のために働かせようとする者もいる。事柄の醜美こそ異なるけれども、子を犠牲にする点では娘を売るのと同じであり、父母の無慈悲に変わりはない。

父母は慈愛深く、子は孝行を尽くし、互いの間の心に隔てがないとは言っても、子が成長して独立した男女となったときには、父母の求めるものは制限しなければならない。財産争いで親子の大切な情愛を損なうことさえあるのは、今更言うまでもない。よくよく注意すべきことである。

三七 子として家産に依頼すべからず——親のスネは太くともかじるな

「額に汗して食らう」とは我々が片時も忘れてはならない教えである。たとえどんな身分の人であっても、この世に生きていく限りは、生きるのに必要な衣食を得るための労働をしなければならない。人間の世界は、労働と物品とを交換して商売するという世界であり、これに決して逆らってはならない。

その労働の方法には、精神的なもの身体的なもの、いろいろな種類があるのだが、方法についてはしばらく置くとして、とにかく「働かざれば衣食は得べからず、働けば必ずこれを得る」というのだから、他人を働かせて自分の衣食を手に入れたいという望みほど無理な望みはないであろう。

幸いにも人間の心には利己心というものがあって、自分が働いて他人に衣食を授けようという奇人はいないので、どんな横着者も、やむを得ず衣食や快楽のために懸命に努力して、その結果、社会の経済機構が滑らかに運転されているのだが、一歩進めて現実の社会をよく観察すれば、おのずとまた奇人の多いのも発見できよう。

その奇人は誰か。これを名付けて父母という。世の父母は、休む暇なく辛苦をなめて働いて自分たちの衣食を得ている。一方また、子孫のことを考えて、時によっては巨万の富を残したりもする。年齢の順序に従って父母が死去すれば、その遺産をそのままもらうのは第二世の相続人である。彼は、自分で働かずとも衣食に不自由することなく生きていく。父母や祖先は子孫のために自分を利する心を持たずに苦労して暮らし、子孫はその苦労の恩恵に浴して安穏に暮らすことができるのだから、一般的な経済視点で見れば、財産を残した人はいかにも奇人のように見える。しかし、人間もまた子を愛する動物であって、本能的にその愛情を抑えることができず、子を愛し孫を思う気持ちを永遠に残そうと考える。それは人間の真心の命ずるものであるから、その是非を今の社会組織の中で論じたとて、何ら益するものはないであろう。

そこで、父母のことはさて置いて、ここで注意したいのは、子たる者の心得である。現実の生活が「額に汗して食らう」という大切なこの言葉の意味するものと違っていたら、たとえ千万長者の家に生まれた子であっても、気ままに暮らして衣食を得るということは許されない。

先祖伝来の遺産は、全く偶然の幸せにすぎない。生まれて父母に養われ相応の教育を受けさせてもらったら、成人した時には周囲の支援を辞退して独立自活すべきであるのに、実際の世間を見れば、富貴の子孫が、おおっぴらに富貴の世界にどっぷりつかっていて、世渡りの道を歩む大変さを目にしても、自分はその人たちとは人種が異なるかのような態度で反省する様子もない。どっしりと腰を据えて偉ぶっているだけでなく、極端にぜいたくな遊興とまではいかなくとも、心身の労苦を避けて一日一日を無駄にすり減らしている者が多い。その胸中を推察すれば、父母の財産を抵当にしてのんきに暮らしているということなのだろう。その情況を言葉で言い表すとなると難しいが、何かにたとえるとしたら、豚の子が成長してよく駆け回り、普通の餌を求めて食べていれば不自由なく十分なはずなのに、とかく母豚の後ろに付きまとって乳房をむさぼろうとしているような状態とでも言うべきだろうか。人間が豚の子に等しいとは恥ずべきではないか。

天下の金満家がどんなに大金持ちでも、その家に生まれた子は本来無一物なのだと観念し、父母の援助を受けるのは成人するまでということにして、自身の独立の意志を決して忘れてはならない。

六 衣食足りてなお足らず――お金が好きな事も悪くはない

人生の目的は働いて衣食を得ることであると言えば、衣食が足りればなすべき事がすべて終わったと言ってもいいように思われるが、実際は決してそうではない。衣食の事はもうとっくに通り過ぎて、ぜいたくな栄華の生活も頂上に達し、どう考えても、もう金の使い道のない身分であっても、昔から金を捨てたという人のあるのを聞いたことがない。捨てないだけではなくて、金を求めて金を集め、多くなればなるほどますます足らないのが金であって、千に万を足し、万に更に十万を加え、百万千万になっても際限がない。人間の欲情がたくさんあるなかでも、最も激しく最も永く続くのが金銭欲であろう。

八十歳の老爺《ろうや》・老婆が、死を見るのがすぐ近くであっても、金銭を貴ぶ気持ちは若い時と変わらない。否、老いれば老いるほど、ますます貴さを知るようである。ということは、人が金を集めるのは、必要だからではなくて、生まれつきの性質として持っているということである。春夏の季節にミツバチが冬の用意のために蜜《みつ》を集め、必要量など考えずにたくさんの食料を貯め込むのと異ならない。単に一笑に付してもいいようなものだが、人間が財産を増やすということには、それなりの理由もあって、そしてまた、増やした財産が社会のいろいろな面に役立っていることでもあるので、一概に嘲笑《ちょうしょう》するのは、思慮が浅いと言うべきだろう。ひそかに利殖家の心の内を察してみたい。

第一、子孫を思う情愛があること。

禍福の定まらないこの世にあって、自分の身は幸いに無事であっても、子孫の浮き沈みは予想できない。万一のときに財産が豊かであったら、たとえ災いを全く免れることはできなくとも、苦難を少なくすることはできようという、ひたむきな愛情から金銭を好むのである。

第二、先祖に対する義務を忘れていないこと。

自分が一代で作った財産であれば自分の権限内なのだが、先祖伝来の遺産となれば、自分一代の間ただ管理しているにすぎない。先祖を崇拝する習慣の中で育った人は、私有していながら私有物でないという考え方から逃れられない。ゆえに、財産を増やすのは先祖への孝行、減らすのは不孝と考えて努力するのである。

第三、死後の名を重んずるという心情があること。

人生には限りがあるけれども、子供が相続すれば「薪《たきぎ》尽きて火の尽きず」の言葉通り、財産があれば家は安泰、家名が子孫に伝わってますます大きくなれば、我が身は死んでも生きているのと同様と、後の世を想像して自分の功名心を満足させている。こういう人は、必ずしも血を分けた子孫だけを愛情の対象とするのではなくて、子供がなければ養子に嫁と、わざわざ他人を入れても家名を維持する人が多い。

第四、死後はどうであっても、生きている時の勢力を望む心情があること。

富豪の家の勢力は恐るべきもので、顔の表情の動き一つで経済社会を動揺させることがある。これを、その人の威光とも言い、栄誉とも言う。学者が言論・著書・発明を重んじ、政治家が政権を争うのも、その心の動く方向は同じである。

第五、難しいことを楽しむこと。

人間の世界というのは、「苦」すなわち「楽」であって、学者の苦学、政治家の辛苦、すべて苦の中の楽である。あまりにもひどい苦しみの中では、ただ苦しむだけで何の成果も見えないが、それでも他の人が難しいとするものに挑戦したのだから自分の心を慰めるには十分であろう。今日、金銭は誰もが欲しい物だが、手に入れることは極めて難しい。そして困難であればこそ、我が物にしようと熱心に努力する。生来の人情と言わざるを得ない。その熱心さの極端なのになると、金銭そのものの損得よりも商工業の競争の攻防戦を楽しみ、ついには自分の家の財産がどうなっているかも忘れて、死ぬまで競争に励んで飽きることを知らないという人も多い。八十歳の老人が金銭を愛するようなことは、驚くにあたらない。

金満家が金を貯めることをやめない理由は、だいたい以上述べたようなことだが、この理由も、哲学的な目で見ればたわいのないことで、子供の遊びのようなものである。けれども、結局は、ウジ虫に等しい人間のすることだから、深く追究するには及ばない。人情として当然のことと許し、さて、その成果はどうだろうかと言えば、社会のための大きな利益となっているものもある。

だいたい文明の世に、人間の便利のために学問を応用して自然の力を抑制し、また、物の形を変えて人間の生活を安定させるという事業には、一つとして資金を必要としないものはない。海上の汽船、陸上の汽車をはじめとして、工業・製作・商売・交通に関するものなど、すべて資本家が支配していて、その資本が次第に大きくなるにしたがって、事業もますます大きくなり、便利さもまた多様になる。もしも、社会の人々が欲が少なくて、衣食さえ足りればそれでよしと、誰も彼も少しの成功に安心してしまい、大いに苦労して大いに利益を得るという気持ちがなかったら、とても今日の進歩は見られなかったろう。
今日、非常な速さで新しい事業が発達し、それにしたがって社会一般の人々の快楽を盛んにしたのは、資本家の利を得ようとする心が際限なく広がっていたからである。人間の多欲はまた、その功績も大きいと言うべきだろう。

二九 成年に達すれば独立すべし――親は親、子は子、べったりし過ぎるな

「父母の恩は山より高く海より深し」。この言葉は、終生忘れてならないことはもちろんであるが、すでに相応の教育を受けさせてもらって成年に達したときには、独立の生計を営むべきである。つまり父母のもとを去るときであって、その後は一切父母の厄介になってはならない。

もう世話を受けていないというのであれば、たとえ父母の尊厳がどんなに偉大であっても、父母もまた、むやみに子供の発言や行動を妨げてはならない。父母が子供に命令したり指図したりして意のままにするのは、衣食を与えて養育する間のことで、その後はもっぱら情愛だけで交わるべきである。例えば、病気のときの看護はもちろん、思いがけない災難のときなどは、出費を惜しまず、お互いに助け合うべきである。

親子の関係は、もとより特別の間柄ではあるが、元来、子供は二代目の人であって、二

代目には二代目の生活の仕方がある。ましてや、時勢の変遷は予想をはるかに超えて速く、老人の生活をそのまま引き継ぐわけにはいかない事情も多い。殊に、二代目の男女が結婚すれば、新しく家を起こしたということで、新しい家の夫婦が家の利害のために行動することに口を挟むべきではない。行くのをとがめず、去るのを悲しまず、自由に任せて、あらん限りの力を発揮するのを支援するだけである。そうあってこそ、社会の進歩を期待できよう。

家族団らんは楽しいけれども、家が分かれて二つとなれば、その団らんの楽しみもまた二か所に分かれなければならない。新しい家の新団らんは、旧《ふる》い家の旧団らんと別れて新しい生活の辛苦を慰めるのに十分であろう。遠く故郷を離れて海外になりわいの道を求めたり、未開の地に移住したりするのは、新しい家での家族団らんの快楽があるからである。老人の干渉を許さないところである。

ただし、その二代目の人が未熟で独立の実力がなく、老父母の指図を必要としたり保護を受けなければならない事情があったりすることもある。また、親子の心身の強弱の程度など、大きく相違する場合もないわけではない。そうした場合は、例外として例外の処置があるべきである。

三〇 世話の字の義を誤るなかれ――お節介？ 親切？

人生の途上ですでに独立して自力で生活している人に対しては、たとえ親子の間でも、やたらに干渉すべきではない。ましてや他人に対しては言うまでもない。

親類・友人、一切口を挟むべきでないのは分かり切ったことであるけれども、広い世間を眺めると、ともすればこの干渉ということから苦情が生まれ、一方で要らぬお世話だと不平を言えば、他の一方では、実に厄介な相手で、どれほど世話をしてもこっちの言うことを聞いたことがないと、同じように不平を言う。双方の不平と不平とが衝突して、ついに親子の不和となり親類のけんかとなって、楽しい浮世を苦界に変えてしまっている人もいる。結局その原因が何かと言うと、世話という字の意味を正しく理解していないことである。

人の生計を助けて衣食を与えるのも、今すぐには与えないけれども間接的に衣食を得る方法を教えるのも世話と言い、また、実際に保護することに関係せず、ただ様々の相談相手となって時々忠告したりするのも、世話と言う。こうした二つの意味があるのだが、初めに述べた不平の種の世話は、どっちのほうの世話なのか。それを吟味すれば、道理にかなっているか、はずれているか、明らかになるだろう。

まだ独立することができなくて、直接に人の助力を受けたり、あるいは間接に保護されて恩恵に浴したりしているときは、その人の指図通り命令に従わなければならない。干渉されることについても、少しの不平も持つべきでないのは当然のことである。

あるいはまた、人に実際の助力保護を与えずに言葉のみの忠告をするというのは、親切とは言っても相手がその親切を無にして受け入れないこともあろう。それに対しての不平はないはずである。

富貴の家の子が、成人しても父母の資産を頼りにし、父母の建てた家に住み、父母の与えた衣服を着て、日々の生活の不自由から逃れているばかりか栄華をほしいままにして、世間に対しては外面を繕い、その実、自分の発言や行動については独立した成人を気取って、父母の束縛から逃れて勝手気ままに振る舞おうとし、意の通りにならなければ父母を評して要らぬ世話をする者だと言う。

また、田舎の頑固な叔父《おじ》などが、年長者の威光をかさに姪《めい》の家に入り込んで、実際には何一つ助成せずにかえって助成を受けながら、ともすれば内輪のことに口を挟んで年少者を煩わし、老人の言うことを聞かないと不平を言う。

富貴の家の子も、田舎の頑固な叔父も、世話という字の意味を誤っていると言えよう。要するに、実際の行き届いた世話までする人は、その世話の程度に応じて指図や命令の世話もすべきである。そうでなかったら、忠告だけにとどめて、それを聞き入れないからといって不平に思ってはならない。これもまた、人間社会の交易の考え方であることを知るべきである。

三 身体の発育こそ大切なれ──子育ては〝教育〟よりも〝飼育〟先行

父母が子を養うのは、ごく自然の人情であって、また義務でもある。その方法をどうするかというと、まず第一に子供が産まれたときは、人間の子もまた一種の動物であると観念して、賢いか愚かであるかということは考慮せず、もっぱら身体の発育を大切にして、牛馬や犬猫の子を養うのと同じに考えることである。衣服・飲食の加減、空気・日光の注意、身体の運動、耳目の訓練など一切動物の飼育法にならって発育成長を促進し、動物の体と同じ身体の基礎が出来たうえで、徐々に精神の教育に進むべきである。

精神の教育と言っても、幼児の時には特に教える科目があるわけではない。家庭内の人たちの言葉遣いや立ち居振る舞いを美しくして、間違っても醜悪でなく、残忍でなく、偽りを言わず、争わず、そして、活発に働いて家族の団らんが穏やかな春風のよう、清らかな秋水のようであれば、幼児の柔軟な心にとって、そうした環境は最高の良き教師である。特別の事情に妨げられない限り、精神は美しく活発に成長するであろう。

そして、七、八歳を過ぎて、読書したり推理したりし始めたら、家に教師を呼ぶなり学校に入れるなり、これは家庭の都合に任せることだが、とにかく身体は人間第一の宝であることを念頭に、どんな事情があっても精神に負担を掛けて体の発育を妨げてはならない。目の見えない人は、耳の感覚が鋭敏だという。目の働きが耳に移るためである。とすれば、身体と精神と二者が相対し、精神に課せられることが大きくてその感覚が鋭敏になると、身体の栄養が留守になって自然に衰弱せざるを得ない。分かり切ったことなのに、世の中の父母だけでなく教育の専門家までそれに気付かずに、幼い時から難しいことを教えて、子供の心を疲労させて平気でいる。

五、六歳の幼児に本を読ませて物事の道理を教え、いろいろな器具を与えて物の数を数えさせ、幸いに子供が理解すれば利口な子供だと褒めそやすだけでなく、少しでも稽古《けいこ》を怠ると叱ったりするので、子供心にも人に褒められようとして自然に勉強するようになる。それが習慣となれば生理の原則通り、次第に身体は衰弱して、紅顔丸々とふっくらするはずのが、胃弱頭痛などに苦しめられて食欲不振、ますます衰弱してますます運動を嫌うようになる。

やがて成長しても、友達と集団行動ができず、独り読書にふけるだけである。父母の中には、その病身であることを心配しながらも、勉強するのを見てひそかに喜び、我が子はほかの並の子とは違うのだと、得意になっている人も多い。とんでもないことで、こうした子供は、成人するまで死ななかったのが不思議と言っていい。たとえ、幸いにして存命し望み通り学業を終えたとしても、何の役に立つだろうか。家のためにも国のためにも、無用の長物でしかない。

まず動物の体を作って、その後に人の心を養えというのが、私の常に主張するところで、今の世の父母たる者は、決してこの事を忘れてはならない。何度注意しても、これで十分ということはないであろう。

三 人事に学問の思想を要す——周囲の事柄を科学の眼で見よう

文明は学理（学問上の原理と理論）と歩みを共にし、学問上の真理原則を人間の事柄に応用することが、次第に広範囲にきめ細かく行われるようになってきた。こうした情況を文明進歩の相《そう》と名付け、その学理に詳しい者を文明の人と言う。

今日、西洋諸国を文明と称し、東洋をその反対の名称で呼ぶのは他意があったわけではなくて、東洋と西洋とでは学理の普及の度合いが同じでなかったからである。近年は、我が日本国もようやく学問が盛んになって、専門の学者も多くなった。こうした学者こそ、本当に国家の宝であって、国民や国家の利益の根源なのだが、単に専門の学者だけが出現しても、それを活用する国民がなくては、その学問も実際の役には立たない。医師が文明の医術を研究して得るものがたくさんあっても、周囲の人に医学についての考えがなくて、そのことを信じなければ、折角の医学も不用のものになってしまう。

こうしたことが、一般国民に学問が必要である理由であって、普通教育を奨励するのもそのためであることを知ってほしい。文明国に学問が必要であるのは、宗教が必要であるのと同じである。ある学問を専門に学んでそれで生活している学者は、僧侶《そうりょ》のようなものであり、その学者の説を聞き、また自らも勉強して大体の学理を会得した人は、信者のようなものである。学問を職業とする人と、それを信じて大体の内容を知った人とでは、もちろん違いはあるが、専門家が自分の責任として引き受ける部分は別として、人間社会のいろいろな日常的な物事で、学理の範囲外にあるものはほとんどない。そういう意味で、無知無学でもこの世に生きているという人は、自分では気が付かないままに偶然に学理の内にいるか、そうでなければ、思いがけない幸運に助けられている人というしかない。

下女が炊事をし、下男が水をくみ薪を割るのも、学理の中で働いているのであって、そうでないときは、必ず誤った結果が生ずる。もっと難しい仕事の場合は言うまでもない。豆腐屋、酒屋、染物屋をはじめとして、時計職人や飾り職人はもちろん大工も左官も鍛冶《かじ》も石工も、一切の工芸農業に至るまで、紛れもない学問の事だから、学理の応用は自分の身辺のすぐ近くにあるのだと覚悟して、決して軽々しく見過ごしてはならない。もちろん専門の学者ではないのだから、その物を見てすぐに製作するようなことは到底無理だが、大体の道理は知っておきたいものだと思う。

時計を見て、針が動いて時刻を指すのはどういう仕掛けで、どういう物をどう使って意のままに動いているのかと、物の性質を知り、その強弱を知り、どんな原理をどんなところに応用しているかを理解するのは、専門外の素人にも大いに大切な事である。無学な人の多い社会を見れば、汽車汽船に乗りながら、その動く原理を知らず、電信電話で自分の用事を足し、ガス灯や電灯をともして闇夜を照らし、盛夏に氷を買って食べながら、ただ不思議と言うだけで、その原理を知りたいと思う人は、まれにしかいない。

こうしたことを数えあげれば際限がなくて、単に下流社会だけでなく、自ら学問に熟達している文明の士君子と称して、何かにつけて相応に理屈を言うような人の中にも、それに似たような人は多い。結局、そういう人たちの考えは、学問に関することは専門学者の領分であって、他の人のかかわる事ではないと、殊更に心に掛けないのだろうが、なんと、その日ごろの学問に対する無頓着が自身に直接かかわったことになると、病気にかかって医者を選ぶことを知らず、治すこともできなくて、無駄に苦しむ人もあれば、日常の健康法をつまらぬ俗人から聞いて方向を誤る人も多い。

あるいは、浮世の事情に詳しいという人物が新事業の会社に入って、人に使われたり人を使ったりするときにも、学理の思想がなければ、普段の知能程度がどうあれ、万事に機転が利かず役に立たない。結局、周囲の人に軽蔑《けいべつ》されて、片隅に閉じこもってしまうという例も少なくない。

ということで、学問社会に専門の必要なのは今更言うまでもないが、広い天下を専門の学者で満たすのではなくて、それぞれその人の才能に任せて勉強させることが大切である。そのほか多くの若者には、身分にかかわりなく、貧富貴賤を問わず、普通の教育を受けさせることを、学問の思想発達のために、決して怠ってはならない。

三三 実学の必要——無学では新しい時代の実業家にはなれない

勢い盛んな浮世の様子を見れば、学者の生活は必ずしも安定していない。無学な人にかえって大金持ちがいるだけでなく、学問したために生活を忘れて貧に苦しむ例も少なくない。つまり、学問と実際とは両立しないものであって、「人生字を知るは貧乏の初めなり」として、おしなべて学問・教育は無益であると説く者もいる。かなり強力な意見で、その事実がないわけではないが、こうした意見がどうして生じたか、その論拠を確かめると、昔から我が日本国に行き渡っている漢学は、実情に当てはまらなくてすでに人々から嫌われており、学問という言葉を聞いただけで、実際とは関係のない机上の空論だろうと決めてしまって、最初から本当の学問の意味を考えないことにある。それが第一の意見である。

またもう一方で、私が以前から主張しているのはもっぱら実学であって、古風な漢学ではない。少年の時から辛苦して勉学に励み、学業を終えた後、勉強中に得た知識見聞を実際に活用して生計を独立し、心身の安定を得て人生の目的を達したいというものである。これが実学の本質なのだが、残念ながらまだ世間の凡人の心情を満足させることができないのには、やむを得ない事情がある。その事情というのは、文明の実学が、真の実際の学問であるとはいうものの、単に物事の真理原則を明らかにして、その応用の方法を説明するだけだからである。たとえ実際の修業とは言っても、学校の内にいて人間社会の実際に当たらないのでは、俗に言う畑の中での水泳練習と言われても仕方がない。

だからといって、人間社会に学問の大切なことは、例えば、碁や将棋に定石・定跡があり、槍剣術《そうけんじゅつ》に形《かた》があるようなものである。すべての物事の活動には、根拠となる要を忘れてはならない。若い学者たちが文明学の学校を去り、早速に社会に用いられて人間相手の仕事にかかわるのは、定石や定跡を学び形を稽古した者が、初めて実際の勝負を試みるのと同じで、種々様々な計略や秘術の駆け引きに目を奪われて、なかなか勝つことができない。時としては、素人と立ち合って失敗することも多い。凡俗の見物人からは、学者は実際の役に立たない、素人のほうが駆け引きがうまい、店の番頭は小僧の出世した者に限る、学校を出た学者は商売の邪魔になるなどと、様々の苦情が出るのだが、一歩進めて考えれば、碁・将棋の定石・定跡、槍剣術の形は、その芸道の根拠である本来の意義であって、実際に当たっての縦横無尽の活動も、その根本は一つである。この本来の意義を知らない者は、いわゆる田舎者で、到底達人の域に進むことはできない。これは、昔も今も変わりない事実である。

今、商業工業などの実際において学問を不用と言うのは、物事の原則を知らない田舎者の考えであって、自分が田舎者であるがゆえに人を田舎者にしようとするにすぎない。文明事業は、徹頭徹尾、学問上の原理に基づいて行うべきで、間違ってもその範囲外にそれることは許されない。田舎者がごまかすことのできるようなことではない。今の実業家などと称する商人たちの中には、無学無見識でも家業を維持していたり、時には新たに家を起こしたりする者さえあるが、彼らは、数百年来社会に浸透してきた無学の風習に依存してきた幸せ者にすぎない。

文明の潮流はすこぶる速い。田舎流の碁客・剣客がすべて失敗して、家を滅ぼすのは遠くない。これからの文明時代の学究の人たちは、凡俗の俗言に耳を傾けることなく、さっそうと自分の道を進むべきである。

三四 半信半疑は不可なり――儒学を排して洋学を信じよう

医学と言えば、漢方医学も西洋医学も同じ医学のように聞こえるが、治療という点では、漢方医学を医学と見なしてはならない。学問もまた同様である。漢学洋学共に学問という名前は付いているけれども、人間が一家の暮らしを立てていくことについて、あるいは文明国の富国強兵のことについて論ずる場合は、昔から我が国で行われてきた漢学は、学問として見るべきではない。

私が長年主張しているのは文明の実学であって、中国の学問とは違う。ある点では古い学問の流儀と全く正反対で、それを信じないだけではなくて、その非を暴き、その偽りを明らかにして排斥しようと、私は努力している。

このことについて、私は、国学・漢学の昔から今に至るまでの学者はもちろん、孔子・孟子《もうし》の言葉といえども世に通用することを認めない者である。言葉を換えて言えば、私は、自分が修めた西洋文明の学問をあれこれと取捨して、漢学説に無理につなぎ合わせようとするのではなくて、古来の学説を根底から覆して、更に文明学の門を広げようとしている者である。もう一度言い換えれば、学問をもって学問を滅ぼそうとするのが本来の念願で、命のある限り心に思い続ける事は、ただそれだけである。

そもそも宇宙間にあるすべてのものを支配するのは自然の真理法則であって、人間に関する事もまた、この支配下の外に出ることはできない。今、東洋と西洋の学説について、その中心となっているところを比較してみると、両者それぞれ根拠としているものが異なる。東洋の学説は、陰陽五行説ですべてを包み込み、西洋の学説は、数理論に基づいて事物の条理を細かに分解して研究する。東は昔を懐かしんで自立しようとせず、西は古人の偽りを排して自ら新しい歴史を作ろうとし、東は現在の状態を無条件に信じて改めようとせず、西は現状に対して常に疑いを持って根本を究めようとし、東は発言はするがその証拠に乏しく、西は実際の数値を示して空論を言うことは少ない。

根本的な相違は大体以上のようなことだが、洋学の場合は、文明の事実から出発して、いろいろな学問が道理を推し量って考えを究める実学となり、日々新しい発明工夫が生まれた。蒸気は様々の機械を動かして汽船や汽車を走らせる力となり、電気もまた蒸気をしのぐ勢いを見せ、医学衛生は古人が不治の病と言った病気を治し、また予防して平均寿命を延ばし、化学は物の性質を明らかにすると共に変化させて人間の生活を便利にし、動植物学は鳥獣・魚介・草木の生長を助けて牧畜・水産・山林・農業の仕事を容易にするなど、その成果は数え切れない。

有形の事柄だけでなく、無形の政治・経済・法律などの由来を尋ねても、その進歩発達には数理論のお陰を被っていないものはない。西洋諸国の人が早くから統計の方法を重んじ、人間のすべての活動を観察するのに統計の実数を利用して、それに基づいて最大多数の人々の最大幸福を得ようとした。こうした事実は、その思想がどんなものであるかを知るのに十分であろう。

このことを、中国人らが、昔の人は昔の人はと今もなお昔の夢の中に眠り、有形の世界の何一つとして、旧弊を改革して進歩を図ることをしないだけではなく、彼らが自分たちの任務としている仁義の教えさえ、ただしきりに口にするだけで、実際には不仁不義を行い、賢明な教義の極楽世界で無情無慈悲の地獄を演じているのに比べれば、同じ時代の話とはとても思えない。

そこで、私は、一切の学説について、東洋流の旧いものを捨てて西洋文明の考え方に帰することにしたい。東洋流を捨てることについては、私には惜しいと思う気持ちはほとんどないが、世間は必ずしもそうではなくて、今も旧いものに未練を捨てきれず、儒学流の残夢をむさぼる者がないわけではない。世に文明開化の人と言われて、よく明暗の利害を強調し、身に洋服を着用し、口に洋食を食し、西洋の機器は便利であると利用して工業や軍事にも採用し、その利益を知っているだけでなくて、政治・法律・経済の事に至るまでも西洋流を許しながら、心の底には一片の儒学魂を宿していて、儒学流から完全に抜け出ることのできない者がいる。例えば、そうした人々の家庭をかいま見ると、男子の勉強にはまず『孝経』を用い、女子には『女大学』が最適と考えるなど、小さなことではあるが、これもまた思想の中身を知るのに十分であろう。

十数年前、教育界に一時の波乱があって、古い学問が復活したかのような不思議な世相を見せたことがあった。いわゆる「嘉言《かげん》善行」「忠勇武烈」などという極端な思想を奨励して世の人々の心を刺激し、その影響は、歳月を経た後に様々の困難や危険となって現れ、今日に至ってもなお消し去ることができずにいる。これもまた、儒学魂の不滅に由来するものと言わざるを得ない。

以上が、私が東西学説の折衷を主張せずに、儒学流を根底から排斥しようとする理由である。酒に水を加えたものは飲むことができるが、魚油を入れたものは到底飲めない。儒教本来の思想がどういうものであるかは、しばらく置いておくとして、数千年間に腐敗したものを採用して、文明時代の学問上の原理や理論に無理矢理つなげようとするのは、酒と魚油とを混ぜ合わせるのに等しい。私の用いないところである。

旧幕府の時代に、それなりの教養のある一人の武士がいた。西洋の目新しい物に興味があり、一にも二にも西洋風という中で、医薬の事に関しては、西洋医学は外科に優れている、また内科でも熱の出る病気については任せてもよいが、他はすべて漢方医の治療に限ると言って、家族に病人が出ると、当時もてはやされていた浅田という漢方医をいつも呼んでいたという。これは、昔からの事をよく記憶しているある老人の話である。

今の世の人が西洋文明の学説に従いながら、なお胸中の深いところに儒学魂を宿して、時には西洋文明にすべて帰依するのをためらったりするのは、古老の話の武士が医者を選ぶときの気持ちと同じである。

文明が改革進歩する時代に、私は漢学を学問とせず、漢方医学を医学としない。信ずるものは大いに信じ、信じないものは全く排斥する。半分信じて半分疑うという者が家に居てはならない、世の中に身を置いてはならない、そしてまた、そうした人は国を支えることもできないということを悟って、私は独り自分の心を安んじている。

三五 女子教育と女権——女性の権利は一夫一婦制の確立から

女子教育をおろそかにすべきでないことは言うまでもない。学問的な心得がなくては、御飯を炊くことさえうまくはいかないであろう。まして、それよりも高度な裁縫・料理、そのほか病人の看護・子育てなど、家事万端を行える教養を身に付けていなければ、主婦の座に収まることはできない。

学問教育の大切なことは男女同じであるけれども、女性には、結婚後、家庭内を治め子供を育てるという役割があって、外部との接触が少なく、社会の仕組みを知ったり学問の研究者となったりするチャンスや必要性もなく、人によって多少の違いはあるものの、女性に対して望む知識の水準は、ごく平凡なもののみである。高尚な学問教育は第二次的な事と言っていいだろう。

また、世間の教育者と称する人たちは、我が国における男女の関係を見て男尊女卑の悪習を嘆き悲しみ、女子教育の重要性をそこにかこつけて論じているようである。いかにももっともなことで、女性の権利が不振であることについては、ぜひとも古い習慣からくる弊害を一掃して正当の道を歩むようにならなければならない。ただ、その方法について優れた案がないことに苦しんでいるのだが、私の考えでは、男女の間に行われている無限の弊害を数え上げてやかましく論ずるよりも、何はさておき、公然と行われている多妻法を禁ずるだけで、大いに効果があると信ずる。

だいたい人間の世界では、手に入れにくいものは尊くて、入れやすいものは卑しいとされている。今の多妻法は、男性が簡単に妻を手に入れることができて、そうしたものは当然卑しいものにならざるを得ない。これに対して、女性は一度嫁入りすると容易にその家を去ることはできない。「貞女二夫に見《まみ》えず」――たとえ貞操堅固な女性は再婚して別の夫を持つことをしないとしても――というのは、女性が夫を得るというのは非常に難しく手に入れにくいということなのだから、女性にとって結婚が尊いのも自然の成り行きと言わざるを得ない。したがって、これまでの社会の風潮を改めて、すべての人々が多妻法の拒否すべきことを悟り、妾を囲ったり買春したりという男性の醜い行為を根絶（たとえ表面だけだったとしても）するだけでなく、既婚者が妻を失って再婚しようとするときでさえも、世間の目を気にして多少の困難を感ずるのが当たり前というようになれば、女性の権力も大きくなるに相違ない。

西洋諸国では女性の権利が発達していると言われているけれども、西洋の男性が特に女性を重んじているわけではない。実際は、早くから一夫一婦の習慣があって、その習慣を逸脱することがなく、男性が女性を自分のものとするのには苦労をしなければならなかったので、その手に入れにくいものを尊んだというにすぎない。

日本の男性は、財力さえあれば、妾を養い芸者を招いても友人たちにとがめられることもなく、再婚三婚はごく普通のことで、亡妻の葬儀の帰り道に早くも後妻の心当たりを口にするという不思議な話さえないわけではない。男性の都合のよいように、女性は店頭に並べられて客を待つ売り物であり、道端に散らばった落とし物のようなものである。その数の多少にかかわらず、欲しければ買い、また無料で拾うことも非常に簡単で、手に入れてしまえば西洋諸国とは違って必ずしも隠すには及ばない。公然と世間に言いふらして家に置くもよし、子供を産むもよし、その産まれた子供もまた、ごく普通の子供としてみんなの仲間となるだろう。こんなに手軽に手に入れられる女性を、男性と比較して劣らないようにしようとするのは、もともと難しいと言うべきだろう。だから、女子の教育は男子と同等にして決しておろそかにしてはいけないのだが、しかし、その教育だけでもって女性の権利をとやかく言おうとするのは、全く無益の論である。

実際に、社会に多妻の悪習慣を禁ずるか、禁ずるまでに至らなくても醜いものとする風習を作って、男性の横暴の道をふさぐかしなければ、女性社会は、依然として古い時代と同様のままであろう。

〔三六〕男尊女卑の弊はもっぱら外形にあるもの多し

——見た目を同等の形に

日本の女性には権力がないという。この言葉、まことその通りである。結婚後、女性はある部分では、実に卑屈で常に男性の風下にいるように見えるが、違った視点から見れば、人の気付かないところに、女性が本来持っている大きな権利が存在している。外国の教養人ばかりでなく日本人であっても、ややもすれば見過ごしてしまいがちなことなので、念のために一言申し述べたい。

日本女性が男性に対して卑屈であるというのは、形の上ではかなり顕著にそう見えるのだが、実際の本当の姿は、外見とは違っていて、時によっては、女性の権利は強大で、十分の勢力を思う存分に振るわないわけではない。家や国が滅ぶ前兆や原因とする言葉に「牝鶏《ひんけい》晨《あした》す（雌鳥が時を告げる）」というのがあるが、俗に女将軍と言われる女性が主人を軽視して独り権力を振るうようなのは例外として、一家の母親の子に対する権力はほとんど無限であって、男子であっても母親の意見には従わないわけにはいかない。逆らえば、親不孝な不順の子として世間に受け入れてもらえないのが普通である。このことを西洋諸国の習慣と比較してみれば、我が国の女権には、外国と異なった特色のあることが分かるだろう。

また、一家の母親の座にはまだ着いていなくて、夫に仕えている時期にも、外面的な礼儀においては卑屈なまでに柔順な態度を示しているのだが、実際は、妻が家事一切の実権を握って、主人が必ずしも主権をすべて手にすることが可能なわけではない。

たとえば、商人の取引でその身元を確かめる時に、奥方がどんな人であるかということは最も大切な条件で、奥方がしっかりした人であれば、それをよりどころに資金を融通したり品物を貸したりという例は、商人社会では珍しいことではない。実権を誰が握っているかを察知することが大切なのである。

また、主人と奥方とが出身地が違っていて、衣服も食べ物も好みが異なるときに、家庭の習慣は二人のどちらに傾くかと尋ねれば、奥方の意向に従っているというのが一般的らしい。時と場所に合わせて何を着るか、食べ物の味の濃淡・甘辛など、いつの間にか奥方の好みに同化して、子供はもちろん主人も知らず知らずのうちに服従させられているようである。

こうした事実を挙げてみれば、まだまだたくさんある。要するに、日本女性は、男性に対して卑屈であることには相違ないが、外に表れた形に見るほど程度を超えたものではない。事柄によっては、実際は日本女性の勢力が西洋の女性よりも強力な場合もないわけではない。女権論を論ずる人もよくよくその辺に注意して、やたらに騒ぎ立てることをやめて、実権の軽重を争うよりも、まず外見上の形について改良し、日本女性固有の優美は大切にそのまま保存しながら、男性の側からその優美に接する態度を和らげ、男尊の「尊」を引き下げて自然に同等の形を装い、誰に見られても見苦しくない体裁を整える工夫が大切であろう。

たとえば、夫婦の間でも言葉づかいを丁寧にし、礼儀に気を付け、妻を呼ぶにも名前を呼び捨てにせずに何さんと言い、手紙を贈るにも横柄な文体でしたためず、宛名《あてな》にも「どの」と書かずに「様」を使うといったようなことである。こうしたからといって、男性にとって何の妨げにもならないばかりでなく、主人としての威厳を損なうこともなければ、むしろ家風の優美高尚を助長し、子供もおのずからこうした態度を見習って、家庭の中に礼儀を欠くといったようなことが一切なくなるであろう。

だいたい人の心の非を正すというのは難しいのだが、目に見える形を改めるのは容易である。我が国の女権の不振は、その形にあるのだから、改良するのは決して難しいことではない。

三七　やむことなくんば他人に託す――教育はお金でも買える

子供の教育は父母の責任であって、免れることはできない。

その規準は、まず家風の美を根本として、知恵と徳行の習慣を養い、日夜注意して成長を助けることである。家風が美ではないのに子供が美であることを望み、注意が万全でなかったのに心の働きが活発であることを望むのは、泥の中に入りつつ体が清潔でありたいと思い、田畑の手入れを怠りつつ苗の生長を要求するのと同じで、無理な注文である。

実際に周囲の家の様子を見ると、どこも同じように美というわけにはいかない。ある家では、父母の品行が収まらなくて家の中の空気がよどんでいたり、たとえ品行が正しく優美であっても、不幸なことに病気であったり、または、家業が忙しくて家庭内のことを見る暇がなく、子供の世話まで手が届かなかったりというのもある。もっと大きな不幸に至っては、両親のうち一人を失って、後妻の子と先妻の子とが同居したり、未亡人に大勢の子供がいたりという場合も少なくない。まして、両親共に早く世を去って家庭が真の闇といった状態は、ただごとではない。

いずれも子供の養育に大きな支障のある事情なのだが、こういう場合に、家計が苦しければやむを得ないが、もしも多少とも家に資産があったら、その資産を使って他人の力を借りることが肝要だろう。もともと子育てをきちんと行って円満であるというのは、両親がそろっていて健康であり知恵と徳行の資質も十分である、暮らしの生計も不自由でなくて家業もそれほど忙しくない、朝夕に子供の睡眠、食事、言葉遣い、立ち居振る舞いを観察する余裕がある、そういう条件がそろって初めて望める注文である。

それなのに、人間世界は何かと多忙で禍福が定まりなく、そんな都合のよい条件など手に入れられるはずがないから、十分な子育てなどというのは望めないことであって、他人に依頼すると決めたからには、その依頼の方法について、自分でよく考えなければならない。

この問題は、人それぞれの貧富の程度によることであって、家計が苦しい人は学校などへ寄宿させるほかないけれども、学校の寄宿舎は、たとえるならば混み合った銭湯に入るようなものである。銭湯は入浴料が安い代わりに不潔であり混雑していて不愉快なので、多少身分の高い人は、自宅に浴室を設けているのが普通である。

そこで、子供の教育も自宅の浴室と同じように考えたらどうだろうか。特に自宅に教師を雇うか、または、家風の優れている教師を選んで、その家に寄宿させ、生活も学習も一切を教師に託するか、または、その教師はもっぱら徳育を専門にして生活一般を指導し、知育のことはその家から他の学校に通学させるか、または、子供のために特に家を造り、最上の教師をこの家に迎えて、衣食を与え、給料を支給し、教師の家族の生計を豊かにして、まるで自宅の中に私塾を開いたかのように、我が子の良友となる性格の良い子供がいれば、その子供も入れて共に学ばせる。そんなことでは世間から遠ざかるのではという心配があったら、注意の上にも注意を重ねて選んだ他の学校に通学させるのもよい。とにかく立派な教師夫婦が全力を尽くして体育・徳育・知育の完全を期するのだから、子供のためには、実父母を離れて第二の父母を得るということであって、銭湯と同じような学校に寄宿する教育方法に勝ることは間違いない。大変な大富豪の話である。

三八 子弟の教育費に吝なり――子供の値段が書画骨董より安くていいのか

人間社会の習慣は、容易に消滅するものではない。昔、封建時代には、教育と言えば士族の一流に限られ、その士族の子供が手習い学問をし武芸の教えを受ける所も、やはり士族の家に限られていた。先生はもともと世襲の家禄の武家で、教えることで生計を立てている人ではないので、月謝が問題になったということなどは聞いていない。歳末に弟子たちから進呈する少しばかりの品物か金子は、ほんの謝意を表す程度で、「南鐐《なんりょう》（江戸時代の貨幣）一片もって仁義礼智信を学び武道の極意を授かる」というのは、この辺の事情を評した言葉である。

そういうようなわけで、我が国の教育は昔からほとんど無償であった。その習慣は国民一般の脳裏に刻まれ、今日に至っても、父母が子供の教育のために金を出すのは、余計な散財として惜しむ傾向が続いている。だからといって、この父母たちは必ずしも元来吝《りん》嗇《しょく》なのではない。他の衣食住のことには相応の出費を惜しまず、時には豪華なぜいたくもして、庭園の木石や書画骨董《こっとう》に大金を投じて平気なのに、子供は学校に寄宿させて、わずか月二、三円の費用を払うだけである。もしも今日、どこかの学校で一か月の授業料を二、三十円と言おうものなら、世の父母は目を回して驚くであろう。好奇心をそそられる不用の品には大金を支払いながら、大切ないとし子のために二、三十円を惜しむというのは、計算を間違えているだけでなくて、庭園・書画骨董をはじめ巨万の財産は、死後誰に守らせようというのか。守ってくれるのは相続の子だけであるのに、その子の教育には出費を惜しんで心身の成長を十分遂げさせず、ついには家を失うことも予測できないというのは、思慮不足と言うほかない。実に言語道断、驚くしかないが、その原因は何かと言えば、昔から子供の教育に出費する大切さを知らないという習慣の中で過ごして、今もなお、そうした旧い思想から抜け出すことができないためである。

このことが、文明の日々進歩しつつある中において、子供の教育規準だけが不十分という結果になり、大富豪ですら特に教師を雇うこともなく、私塾を作っても生徒から少額の月謝を集めるだけで、塾を維持するのに苦しむことになるのである。耐え難いことではあるが、時の運の到来するのを待つよりほかに手段はないと言うしかない。

三九　人生の遺伝を視察すべし——トンビからタカは生まれない

子供に教育を授けるには、まず第一にその体質をよく見極めて、果たして修業に耐え得るかどうかを観察した後に、初めて学問の道に進ませるべきである。この子は体が弱くて力仕事には不向きだから静かに読書でもさせようなどというのは、大きな誤りである。弱い子供であれば、徐々に体力を慣らして体格を作るのが正しい順序であろう。体力を気にせずに学問で精神を酷使するのは、子供を殺すのと同じである。恐るべきことである。また、人には遺伝の性質があって、無理に学問をさせても上達しない者が多い。力士を見ても、番付の幕の内に入り、更に大関、小結になれるのは、その人の生まれ付き、つまり祖先からの遺伝によることであって、稽古の功績ばかりではない。やせこけた小男がどんなに努力しても、幕の内への立身出世のおぼつかないことは、誰もが疑わないところである。

人の精神の能力も体格と同じで、目には見えないが、天賦の才能に差のあるのは、力士の強弱に差があるのと同じである。これは、どうすることもできない事実であるから、学問上理解力の鈍い子供と分かったなら、一通りの教えを授けて多くを求めず、なんなりと本人の好むところに任せて将来の方向を定めるべきである。

小男に相撲の稽古は無益であるし、人間は必ずしも学者になることを約束させられたわけでもない。学問もまた一種の芸であるので、読書推理の才能に乏しくてこの芸道の奥義に達しないからといって、それほど憂えるには当たらない。ただ一通りの学理を聞いて学習し、見て学習し、いわゆる常識——コモンセンス——を備えていて、普段の心遣いが並外れていなければ、世間を渡るのに不都合はない。全く文字を知らなくても、立派に身を立てている人さえある。

学問の才能の鈍いとか聡《さと》いとかというのは、人の持って生まれたものであるから、子供の特質も見ずに学問を強いるのは、父母の心得違いである。世間の教育家と称する者たちは、ややもすれば自分の信ずるところに偏りがちで、教育に極端に重きを置き過ぎ、ひたすら勉強勉強と唱えて、勉強さえすれば愚者も変じて知者となるようにはやし立てる者が多い。しかし、実際の教育の効能は、生まれ付き備わっている能力の生育を助けて、よい方向に導き、到達可能なところまで到達させるということだけにある。

これをたとえれば、植木屋が庭の樹木を手入れして、枝振りをよくし花を美しくするのと同じである。いかに上手な植木屋でも、松を梅に変えることができないのはもちろん、同じ種類の樹木でも、もともとない枝を作ったり花を付けたりは無理だけれども、自然のままに捨てておけば庭木も荒れて野生同様に生い茂り、ついには切って薪にしかならないところを、様々に手入れして外敵を防ぎ、木の固有の性質に応じてそれぞれの品格を維持させるのは、植木屋の腕にかかっている。

教育家の配慮がどんなに行き届いても、生まれ付きの愚者を知者に変えることはできないのはもちろん、どんなに勉強を勧めても、天賦の能力にない学問や技能を身に付けさせることは、望んでも到底無理である。それぞれの人の遺伝がどういうものであるかを十分観察して、その人の到達可能なところの限界にまで到達させ、その後に大切なことは、これまでの成果を荒らして薪のような人物にしないように、よく注意することである。

四〇 子供の品格を高くすべし――我が子はその辺の悪童たちとは違う

家風を美しくして、子供の美しい素質を生育すべきなのはもちろんだが、社会の風俗が全般的に見れば美しくないと言える情況なので、子供を育てるのには環境を選ぶことも大切である。不幸にして周囲の習慣風俗が清らかでない場合は、それにどう対処すべきか。

もともと子供には、自分の父母を善い人と思い、我が家を楽しい所と思う心があるので、この子供心を利用して、ますますその心を育てなければならない。子供にとって、近隣周囲に我が家ほど立派な家庭はない、我が家ほど品格があって美しい家庭はない、我が家こそが、最も美しい、最も善い楽園なのだから、こうした家に生まれた者は、自然に他と異なったところを必ず持っている。たとえ近所の子供たちが見苦しい言葉遣いや行動をしても、それは他人の事、我が家の子供は我が家の家風に従って、強壮活発、清浄潔白でないわけがない。他人は他人、我は我、他人の惰弱卑劣であるのを不思議に思ったり、とがめたりする必要はない、我が家の子供に限って、そんな卑劣な事をするはずがないと、他人に対しては、まるで人種の異なる人のように考える。次第に子供の精神は、上品の方向に導かれ、まだ幼い軟弱な胸中に早くも独立の気性を生じて、周囲の悪習風俗に接しても、伝染の心配をしなくてすむだろう。

あるいは、実際の方法として、殊更に我が子の服装を違ったものにして、他の子供たちと区別することなども、効能があるようである。あるいは、偶然に遠い地へ住居が移り、その移住地の子供たちと方言が違って親密な交際ができないというような場合は、最高の機会である。

昔、封建の時代に、武家が町に住まいしたり田舎に家を移したりしても、子供の品格を落とすことがなかったのは、自分の家の家風を一種特別のものとして、自信を持って品位のある城を構え、周囲の悪い習慣を下流社会のものと見なして全く無視したからではないかと思う。今や封建の制度は廃されたとは言っても、子供の養育に関しては、昔の武家のように家風を重んじてこそ、はじめて品格を維持して誤ることがないであろう。

四一　独立の法——求められるのは「ケチ」ではなくて「つましさ」

人には自信自重の心がなくてはならない。自分は、これだけの知恵と徳行を備えていて、世間に対して恥ずかしくない人間である、よって、自分の身は尊いものであると、自ら信じ自ら重んずるという意味であって、独立心の生ずる一番の源である。このことは、人間世界の事柄のすべてに関連していて、ほんの少しの間も離れてはならないという人間にとって最も大事なことなのだが、さて独立しようという心を抱きながら独立するための手段が得られなければ、心は寂しいばかりで、人生の中でこれより大きい苦痛はない。

何が独立のための手段であるか。それは衣食住である。天は人を殺さない、正直に勉強さえすれば世間を渡るのは容易であるというけれども、一方から見れば、利得を好むのは昔も今も当然の人情で、万人が万人、申し合わせたように利得があると思う所に集まってくる。その群集の中に自分もまた割り込んで、一部分の利得を求めようとする。これを名付けて「競争」と言う。非常に殺風景で、品位ある人格者の心には不快なことではあるけれども、かといって、衣食は天から降らず、地からわかず、木石ではない身が家に住んで世間に対処し、他人の厄介にならずに完全に独立するためには、この競争の中であくせくと苦労しなければならない。人間の生きる道は険しい。

では、我々の独立心に、独立の実を結ばせてくれるものは何か。それは、有形の財物である。財物を得る方法は非常に苦しくつらいことなので、これを手に入れようと努力すると同時に、手に入れた物を費やす方法についても考える必要がある。そこに、吝嗇と倹約と、二つの区別をどうするかという問題が生じてくる。

慈悲の情に乏しく、廉恥の心を失い、道理の世界を逸して財貨をむさぼることを「吝」と名付け、一身一家の生計を綿密に立てて外見の見栄を張らないことを「倹」と言う。まことに簡単明白な区別で、教養ある人格者ならば、吝であろうとしてもなれないだろうから、独立の思想を全うしようとするならば、吝嗇を避けて、節倹の事を忘れてはならない。

家計を綿密にして省くべき浪費を省くというのは、銭を惜しむのではなくて、独立の基盤を強固にするためである。一夜の豪遊に千金を投げ打ち、冠婚葬祭の式に見栄を張って同郷の人々や友人たちを驚かすような事は、愉快なのは確かに愉快である。家計が許すのであればこの種の愉快を買うのも人情としては当たり前のことだが、家計が不如意であるのを隠して身分不相応の財貨を散じたり、あるいは、実際に望むべきでない望みを前途に空想して未収の金を収入に数えたり、ちょっとの間だけと他人の金を借用したり、という人にその理由を尋ねると、一身一家の体面を保つためにやむを得なかったと言う。そういうのは理由にはならない。

体面維持というのは、不外聞を避けるということ、不外聞とは、世間のうわさになって面目が立たないという意味だろうと思うが、無理な散財をし、無理な借用をして、同郷人や友人の耳目を欺きながら、後日、その友人に相談して哀れみを願い、借用の返済を催促されて言い訳に困るというようなのは、不外聞の最たるものではないか。本来、富豪大家の人々が、大いに散財して間接直接に世の中をにぎわすのは、まことに願わしいことではあるが、実はその内情は、身分が低く所得も少ない者でありながら、金持ちを真似しようとして、真似できなければ不外聞だというので、世間の風聞を恐れて分不相応の無理をしている場合も多い。自信自重の大事な意義を忘れ去っていて、「風聞の奴隷」とでも言うしかない。

移り変わりの流れがすさまじい凡俗世界を眺めると、若者たちがとかく金銭を濫用して人に嫌われ、あるいは、政府の官吏、実業界の紳士と称する人たちが、家計破綻《はたん》の惨状に陥り、生きている限りと心に決めていた節操を曲げて、思いもしなかったことをしてしまい、ひそかに不快を嘆く人も多い。元はと言えば、人生独立の実際の手段をおろそかにして、浮世のちっぽけな不外聞を恐れ、一身にとって大切な不外聞を忘れたためである。世を生きていくための勇気に乏しい者どもと言うべきである。

四二 慈善は人の不幸を救うにあるのみ――道楽のシリヌグイは無用

自然の法則は、是か非か。浮世の不幸は、人のせいばかりではない。早く父母を失って孤独の人があり、老後に子供がなくて独りの貧しい人があり、生まれ付き虚弱で心身の労働に耐えられない人があり、不意に病気に冒されて終生起きられない人があり、もっとひどいのになると、水害、火災、地震などの天災で財産を失い、昨日の富者今日の赤貧という人さえないわけではない。

こうした不幸な人たちは、他人の恵与を受けるほかに生活の道はない。受けてその恩に感謝するだけである。特に心に恥ずる必要はない。また、そのために終生の独立を妨げるものでもない。全く経済的な採算を離れて、慈善の心から出ていることだから、徳の世界の美事として見るべきである。あるいは、家計に余力ある者が人の不幸を救うのは、ソロバンとは関係のない義務と言ってもいいだろう。

そうあってこそ、人間社会の風景もかなり緩和するのだが、また一方から見れば、人間は大変横着者で、ややもすれば、自分が苦労せずに他人に依頼しようとし、飢えと寒さに迫られていることを訴えるだけでなくて、美衣美食に分不相応の散財をしながら、追いつめられて困り切ったあげく哀れみを乞《こ》う者がないわけではない。

若者がよく考えもせずに酒を飲み道楽をし、また、時流に乗った紳士然とした者たちが横柄に世を渡りながら、ある時ちょっとしたはずみにつまずいて、たちまち親類や友達の厄介になったりする。その成り行きを分析すると、自分勝手に振る舞い、気ままに楽しみ、その気ままに楽しんだ報いである苦痛を訴えて、他人に負担させようとしているのである。経済社会はもちろん、寛大な人徳の持ち主たちに訴えても、誰が負担してくれようか。こうした横着者は、他人の財産の多いのを見て心中でひそかに胸算用し、この金満家ならこれくらいの恵与はたいしたことではないなどと、物をもらう身なのに、先方に成り代わって勝手に放言するのが常だが、財産が多くても少なくても、数は数である。百から一を引くのも、十から一少なくなるのも、減ることに違いはないのだから、勝手な空想を抱いても、人の心を動かすことは不可能である。

つらい世の中には、額に汗して働いても十分食べられない人もあり、あるいは、生まれ付きの障害や病気老衰のために汗して働こうとしても働けないという不幸な人がたくさんあって、富豪大家の慈眼を開かせるのは、こうした人たちである。たとえ家に巨万の富があろうとも、無頼の若者に酒を飲ませ、流行に乗って華やかに交際を楽しむ男子の資金を援助する、というようなことは、断じてしてはならない。

四三 慈善に二様の別あり――〝転ばぬ先の杖〟のありがたさ

人の病苦貧苦、あるいは不時の災難を哀れんで、そうした病人に医薬を施し、貧民に金や米を与え、水害・火災・飢饉《ききん》などの被災者に財物を支給し、病院、貧民・被災者の収容所などに寄付をするといったような行為は、すでに起こった災難の苦しみを緩和する手段である。

一方、寺院に寄付して布教を助ける、学校に資金を与えて教育を拡張する、道路や橋の開通修繕に寄付する、といった散財は、目の前に不幸な人を見て、その苦痛を救おうというのではない。人間社会の組織において、国民に宗教心がなく、学問上の教育がなくては、平和を維持し国民国家の利益を実現することはできない。それどころか、ついには反対に災いが起きるかもしれない。そうした社会の不幸が発生しない前に、それを防ぐ手段として道路や橋などに目を向けるのは、交通の便によって、間接的に利益を盛んにし災害を防ごうという趣旨にほかならない。

同じ慈善のことでも、財物や医薬の支給はすでに発生した緊急の事態を救い、寺院、学校、公益事業への寄付は将来の幸福を意図するものである。どちらもその事が美である点では全く軽重の差はないが、更に一歩進めて考えれば、人間社会の悪事について、これを未然に防ぐ方法を施す場合、経費はほんの少しで効力は大であるのが普通である。一家の経済においても、火の用心の費用は火災の損害よりも軽い。これを拡大して言えば、一地方の大火での財産の損失は莫大《ばくだい》で、その被災者を救う費用は少なくないが、もしもこの損失した金で数年前から水道を設けていたら、日ごろの便利さは言うまでもなく不時の火災も防ぐことができて、その地方の利益はどれほどだったことだろうか。

その辺から考えると、最近東京でも一千万円の資金で水道工事を起こしたというが、その一千万円を徳川時代の二、三百年前に使わなかったために長い間市民の便利を欠き、また毎年のように起きた火災で莫大な財産を失った。今になって残念に思うのである。

こうした利害についての論に間違いがないと思ったら、今日の世に資力の余裕のある人たちが、寺院、学校などに寄付をしてその事業を助け、後進の若い人たちを導いて知徳の門に入らせることは、単にその本人だけが恩恵を被るのではなくて、これからの世のために秩序と平和を維持して利益の源を深くし、めぐりめぐって寄付した人自身もまた間接的に余徳にあずかることがあろう。

すでに発生した災いを救う慈善は、もちろん美しい。これをなおざりにすべきでないのは当然だが、予防のための慈善の方法は、その恩恵が更に大きく更に美しいと言うべきであろう。

四 婦人の再婚――貞女は同時に二夫に親しむなかれ

浮世を軽いものと考えて、人間のすべての行動を一時の戯れと見なし、その戯れを本気に勤めて手抜きをしない。ただ手抜きをしないだけでなく、真面目熱心に励んでその極致に達しながら、さて、いざという時に臨むと、もともとこれは浮世の戯れなのだと悟って、熱い思いがたちまち冷却してしまう。そして、方向を一転し、更に第二の戯れを戯れる。これを人生自由自在の安心法という。

このことに関連してひそかに考えてみると、古人の教えに「忠臣は二君に仕えず、貞女は二夫に見《まみ》えず」というのがあるが、婦人の節操を奨励するのは大変善いことである。一夫一婦は、現代の文明社会において、すでに最も自然な約束として認められ、この約束を守ることで社会の秩序が保たれるのだから、一婦が二夫に見えてはならないと同時に、一夫もまた二婦に見えるべきではない。これは確かに天の命ずることなのだが、生者必滅もまた自然のことで、老いも若きも死期は定まっていない。老いるまで仲良く連れ添えない夫婦は多い。この不幸に際しての我が国の習俗がどうなっているかというと、男性は後妻をめとることに何のためらいもなく、二度でも三度でも妨げなくできるのに対し、夫を亡くした女性で再婚する人は、そんなに多くない。やや老年期に入りかけた女性で子供も多いという事情があれば多少考えることもあろうが、三十前後のまだ四十にもならぬ年齢で夫を失えば、未亡人という名で呼ばれて、まるで夫と共に死ぬべきところを不思議に生き残った人のように見なされて、親類友人の間でも彼女を顧みてくれる人はいない。たとえ、家を治めていくためにとか、生計を立てていくためにとかという都合に迫られて、やむを得ず婿養子を迎えたり再び嫁に行ったりすることがあっても、実際はそのことに満足しておらず、本人は少しばかり恥ずかしく思い、周囲の人も内心喜んでいないように感じられる。結局、あの古人の教えである「貞女は二夫に見えず」に束縛されて、そうなったのだろう。全く理由のないことで、貞女が二夫に見えることが道徳に背くことであるならば、貞男もまた二婦に見えてはならない。女性には厳しくて男性にはゆるやかというのは、不公平なことこの上ない。

「忠臣は二君に仕えず、貞女は二夫に見えず」というのは、一身が同時に二国の君主に仕えるなかれ、一婦が同時に二人の夫に親しむなかれ、という意味に解釈していい。こう解釈すれば、全く人間社会の妨げにならず大変尊い教えであるのに、男尊女卑の習慣は、この教えを極端に拡張して女性の自由を奪い去り、進む道をふさいでしまったのは無慈悲なことであった。どう考えても同意できないところである。

以上述べた意見は、かなり自由のようではあるが、こう言ったからといって、すべて女性は結婚を軽く見ていいというのではない。独り身を守る必要はない、結婚してよし離婚してよし、自由自在に生きよと勧めているわけではない。結婚は生涯の一大事で、いったん契りを結んだからには死ぬまで解いてはならない。夫婦は一身同体であって、慎み深く細かい事までも注意し合うことが大切であり、周囲のくだらぬ事に目を奪われてはならない。

ただ、人の定めとして免れることのできない死別の時だけは、覚悟を新たにして第二の人生の世界に入り、気力さっそうとして少しの曇りもないという意志を明らかにすることである。それが、自由自在の心を安定させる方法であることを知ってほしいと思う。

四五 情欲は到底制止すべからず――肉欲の遺伝子は誰もが持っている

人の心が不完全であることは、体が不完全であるのと変わりない。本来、人の体に病気はないはずである。生まれてすぐに母乳で養われ、やがて食べ物を食べ、清浄無毒な空気日光に浴して、暑さ寒さや雨露の攻撃をうまく避ければ、終生無病で人類に与えられた寿命を保ち、死に臨んでは、熟した実が落ちるように、枯れた木が倒れるように、少しの苦痛もなく自然に終わる約束であるのだが、実際は決してそうではない。終生無病ということはさておいて、三～五年も医薬の必要がなければ健康を自慢する状態で、人の体を病気の蔵と称してもいいというのが現実である。その原因が何かというと、本人の不養生もあれば父母や先祖から遺伝した先天性によるものもある。

身体がそうであれば精神もまたそうならざるを得ない。自分こそは品行が清浄で肉体の欲情は淡泊であると信じている人でも、深く内部に立ち入って朝夕の実際の行動をよく観察すると、人それぞれ欲情の種類によって濃淡厚薄の違いはあっても、全身すべて洗うがごとく清らかな無欲無情の人はいない。色にふけらなければ酒を好み、酒を飲まなければタバコを吸い、酒・タバコ両方共に無欲であれば甘い物好きで美食に過ぎるなど、一つの事に淡泊であれば他の事に濃厚であって、結局はすべて清浄淡泊というわけにはいかない。

下等階級の若者に、遊郭の道楽を禁じようと思ったら博打《ばくち》を止めてはいけない、博打を禁じようと思ったら酒を与えよとは、長老の奥の手にある教えである。中国のアヘンを吸う地方には、飲み過ぎて泥酔する人が少なく、他の地方の人は、酒やタバコをアヘンの代用としていたのと同じである。極端なのになると、間食に猛毒の砒石《ひせき》を飲んでいた人さえあったという。こうしたことは、要するに人の心は膨大な欲の蔵であって、ただ、それぞれ人によって発する欲が違っているだけにすぎない。そしてまた、本人の不注意によって発生することには違いないけれども、最も大きいのは先天的な遺伝によるものである。

今の世の人々は、心身共に不完全で、その不完全な心が、不完全な身体を支配し品行を保持して健康を保とうとしている。大変に難しいことだが、その方法をどうするかと言えば、心が不完全であっても次第次第に高尚に向かわせ、酒色その他の肉欲界から遠ざかって精神上の楽境に進ませるという、ただ一つの方法があるだけである。常に気品のある人と接して話を聞き風格に接し、あるいは高尚な本を読んで深遠な道理を勉強するというような方法が最も有力であって、良い師を選び、ためになる良き友を求めることにつながるのだが、人にはそれぞれの性質があり習慣があって、すぐに高尚な道に入るのが窮屈だったらしばらく見合わせ、一段下がって、琴・将棋・書画骨董などの風流を好むことにでも心を傾ければ、これまた精神の楽しみであって、そのお陰で他の肉欲を緩和して次第に高尚へ進む道が開かれよう。

たとえば、運よくにわかに大金持ちになった人々が、現在の身分がどうあろうと、もともとの気品が大変に低く、本来の望みが動物的な欲望の勢いを強くすることにとどまって、まず立派な家を造り、酒や肉がいっぱいの豪華な一夜の酒宴に千金を投げ打ち、妾を養い、遊女に戯れ、ひどいのになると糟糠《そうこう》の妻を家から追い出して苦しめ、ついには自分も不養生の罰を被って病気に苦しみ、家風は乱れて子や孫の養育もできず、ただ財産を極楽にするだけで家風は地獄という例もある。

もしも、このにわか金持ちが、もう少しいろいろと考えて、風流を好むことに傾くか、宗教の説法をよく聞くか、上品な学者の先生と交際するか、どういう方法でも、とにかく肉欲以外のものに心を向けるきっかけを見つけたならば、次第に気品を高尚にして心身の安定を得ることができたろうにと、よそ事ながら残念に思う。

人が生きていくうえで情欲は制止できるものではないのだから、大事なのはその方向を転じて、程度を緩和するか、あれこれと比較して害の少ないほうを取るようにするかということだけである。

独身の書生が、品行厳粛と見せながら陰では大酒飲みの習慣があり、結婚後もその習慣から抜け出せなくて、生涯の大切な体を悪くしてしまった例もある。その人のために何かしてやるとすれば、早く結婚を勧めて、飲酒癖がつかないうちに救うのが得策と言える。心身の不完全は、社会的な遺伝に原因があって、必ずしも本人の罪ではないのだから、その辺のことをよくわきまえるのが最も大切である。

四六 早婚必ずしも害あるにあらず——昔の英雄豪傑は早婚だった

近年、西洋思想の流行につれて、男女の早婚を非とする説が聞かれる。その説というのは、年若くして結婚すれば、早く子を産んで生活に困る、若い体がまだ固まらないうちに子供を産めば、父母の体を損ない、また産まれた子供も必ず弱いなどというもので、攻撃の論拠は経済論と生理論の二様にあるようである。論は活発で、なんとなく理にかなっているようでもあるけれども、社会の事は、一方からだけ見て急いで利害を判断してはならない。

早婚に害があれば、晩婚にもまた害はある。利害はどちらも同じであって、早婚に限って特に害があると断定してはならない。早く子供を産めば家計が困るとは言っても、男女が結婚するのは、人生最高の幸福であり快楽である。この快楽に刺激されて努力するのは、意味のないことではない。この世の艱難《かんなん》を知らずにわがままに育った人が、結婚後いきいきと働いて見事な家庭を築く例は、珍しいことではない。また早く子供を産めば、しばらくの間は心配もあろうが、成長後、親子共に力を合わせて働くことの利益は、きわめて大きい。

だいたい世の中に孤児ほど哀れで理に合わぬものはない。両親の年齢が五十歳六十歳で子供は五歳か十歳というのを、どうしたらいいのだろうか。親は次第に老衰して子供の成長は遅い。ついには、父母に別れて孤児になる不幸も避けられないかもしれない。家のためにも社会のためにも、これ以上の不都合はないであろう。晩婚の弊害と言うしかない。

早婚の子は虚弱であるという説は、容易に受け入れがたい。世界各地における気候との関連論は別問題として、我が国の実情に照らしてみても、この説に反対することは難しくない。試みに、昔の英雄豪傑について二、三の例を示してみよう。藤原関白忠実《ただざね》は八十五歳で薨去《こうきょ》したが、その子忠通《ただみち》を生んだのは二十歳の時で、忠通もまた六十八歳で薨去した。平忠盛《ただもり》は十九歳で清盛《きよもり》を生み、清盛は二十歳で重盛《しげもり》を生んだ。北条時政が政子を生んだのは二十歳の時で、義時《よしとき》が泰時《やすとき》を生んだのもまた二十歳の時であった。徳川家康の祖父清康は十六歳で広忠を生み、広忠十九歳その夫人十五歳の時に生まれたのが家康であった。家康は十八歳の時に世継ぎの信康を生み、その後子孫繁盛して、老いてからの大坂の陣に出馬の時は子も孫も従い、三代の男子共に戦場を駆けめぐったのは、まことに繁栄の極みであって、これこそ早婚の賜物であると言うべきであろう。

以上の事実は古代英雄の名家でのことで、特別であるという説もあろうかと思うが、名も氏もない平々凡々の家でも、その例は少なくない。身近な例では、私の祖母は旧中津藩士の家に生まれ、文化元年、十五歳の時一女を産み、翌年十六歳でまた一女を産み、いわゆる年子であったが二女児共に健康で体格きわめてたくましく、共に七十歳の長寿に達し、その長女の腹に産まれたのが諭吉である。格別珍しいことではなくて、日本国中にこうした例は無数にあるであろう。早婚の人に生まれた子供は虚弱であるという、その虚弱には他の原因があるのであって、早婚をとがめるべきではない。一歩譲って早婚に多少不利なことがあるとしても、その不利は、ほんの少しにすぎない。

生まれ付きの体質が弱く、それに加えて不養生をし、栄養不足、あるいは美食の取り過ぎ、睡眠食事など生活の不規則、そして体力に見合った労働をせず、体質の底深いところに病根を持っている者は、早婚晩婚の別なく、到底丈夫な子供を産むことは不可能である。一方的に早婚の非をわめきちらすのは、表面だけを見ての浅薄な説というそしりを免れることはできない。

四七 女性の愛情——独り暮らしは女性本来の愛情をゆがめる

西洋の学説に、婦人の体は生殖器が中心であって他はこれに付属しているようなものである、というのがある。婦人の心身は、すべて愛情の一点に帰するのが理想であるということを、簡潔に論じたものである。この文言まことにその通りである。

このことを事実と見比べて考えてみると、女子は生まれながらにして心優しく、立ち居振る舞いも荒々しくない、男子に比べて幼い時から何事も控えめで、恥じらいの中にもなまめかしい風情がある、といった先天的な性質を持っている。長ずるに及んでは、この性質がますます成長して、普段の言葉遣いや行動、喜びや悲しみのかすかな表情に至るまで、その発生の源を尋ねれば、すべて愛情の一点から生じている。体を洗い化粧をするのは女性のたしなみで、衣服に思いを凝らし、立ち居振る舞いに心を配り、決して人に嫌われたり人に笑われたりすることのないよう注意するというのは、ほとんどの男性には想像もできないことである。

医学説に、上流婦人がたびたび便秘を訴えるのは、上流社会では日ごろ便通を我慢しなければならない場合が多く、そしてまた腸内のガスを漏らすことも滅多にないので、自然に腸の感覚が鈍くなり、その忍耐の習慣が代々伝えられて、ついに秘結症を残したのであろうと言われている。こういうことは、すべて不行儀を避けて優美を装うという心情から出たことであって、そうした心遣いの結果、生理の常態を変えてしまったとは、ただ驚くほかない。

『詩経』の衛風伯兮《えいふうはくけい》章に「豈膏《あにあぶら》と沐《とぎじる》のなからんや誰を適《あるじ》として容《すがた》を為《な》さん」とあり、また我が国の唄《うた》に、「誰に見しょとて紅《べに》かね着《つ》きょぞ、みんなぬしへの心中《しんじゅ》だて」というのがあって、女性の真の姿を巧妙に表している。この文言に従えば、女性はただ一人の男性に対して、その情愛を得るために容姿を整えるかのように聞こえるが、そうした直接的なものではない。たとえて言うならば、女性の愛情に込められた切なるその思いは、封建時代の武士が武道に熱中するのと同じようなものである。武士が二本差しを腰にして常に武芸をみがき、一挙一動もおろそかにしないのは、必ずしも誰を敵にするとか何人を切るとかというのではない。武家の本質は戦うことにあり、そのためには日ごろのたしなみとして、武勇を重んじ、立ち居振る舞いは常に凛々《りんりん》として作法にかなっていなければならない。女性が容色や行儀を大切にするのを見て、誰に向かっての愛の表現なのか、何人の愛を得ようとしているのかなどと、直接の関係をとやかく言うのは、真実の姿をとらえていない。

容色や行儀を重んじて言葉遣いや行動を慎むのは、必ずしも恋する人がいるからではなく、夫の機嫌を気にするからでもない。相手が男性であっても女性であっても、一言一語、一挙一動おろそかにすることなく、容姿の美醜、家の貧富にかかわらず、上は王侯貴族、富豪深窓の淑女から、下は片田舎の草刈る貧しい女に至るまでも、愛嬌《あいきょう》一筋、恥ずかしげな、なまめかしげな姿で、人の気持ちに逆らわないように努めるのは、これこそ女性の本質で、そうした心くばりの綿密さは武士の武道の事柄と似ているというよりも、更にいっそう深いものがある。愛情の真相も、そうした視点で見るべきだろう。

女性が日ごろから醜悪な言葉を遣わず、醜悪な行いを嫌い、男性が優しくもの柔らかになれなれしくしたりすれば、かえってそうした人を嫌って近づかないといったようなことは、一見無情のようだが、実際は決してそうではない。普段のたしなみがあくまでも優美であり上品である清浄無垢《むく》な装いに、ふざけた振る舞いをして本来の色取りを汚しては、女性の真を失うので、特に超然とした態度を通しているのである。つまり、その無情は多情があふれているのであって、真の武士は、やたらに武を語らず、誇らず、胸中深く勇気をしまい込んでいるのと同じである。武人はこれを「沈勇」と言うのだが、女性の場合は「沈情」と言ってもよいだろう。荒々しい武人は真の武人ではないし、心がうわついている女性は、まだ愛情の真を知っていないのである。

以上の論は、間違ってはいないはずである。女性の心身は、愛情の一点に帰するという事実が明白であることについては、昔も今も有識者はそのことを深く論及せず、凡俗の風潮に流されて女性の婚姻法をなおざりにしたままだった。人間社会の大事に対して、きわめて不注意だったと言うべきだろう。

男尊女卑は長い歳月の悪習慣で、凡俗の階級だけでなく、いわゆる学識者と言われる人に至るまでも、本に書いたり人に教えたりするときには、結局、女性が窮屈や不自由を我慢することを淑徳とたたえ、表には言葉遣いや立ち居振る舞いの優美であることを奨励すると同時に、裏では愛情を表現する機会を圧迫して、平気で知らぬ顔を装い、世の大勢の女性を、ほとんど窒息するほどの惨状に追い込んだのは、学者の罪でなくて誰の罪だと言うのか。

あるいは学者は、女性が静かに口を閉じて訴えたりしないのを見て、女性たちの心が安らかであるとして、それ以上注意しないのか。そうとすれば、物事の日の当たる場所だけを見て陰を知らず、俗に言う「人情知らずの愚か者」と言うしかない。

世間のたくさんの好色男性が、多妻の醜を醜とせずに、勝手気ままに肉欲にふけっているときに、その多妻の一人または幾人かは、意味もなく空房を守り、自身にとって第一の快楽であるはずのものを犠牲にして、夫と名付けられた動物に奉仕するのである。まるで人間界の中での獣の行動だが、学者の世界にこの事を論ずる者が少ないのは、なぜなのだろうか。

また、人生にとって不幸なことに、二十、三十、四十歳にもならない女性が配偶者を失うのは珍しくない。その不幸を見て、世間の人がどんな感情を持つかというと、ただ不幸を悲しむだけで、女性の善後策に再婚の話をする人はきわめて少ない。そればかりでなく、むしろ独り暮らしを励ます気持ちがあるようである。こうした時に、いろいろな事にくちばしを入れるのは大抵男性で、その男性は五十歳六十歳の老年に妻を失っても直ちに後妻を求めながら、他人の事となると、様々の事情を口実にして暗にその邪魔をするのは何ともけしからぬことである。そしてまた、その夫を失った女性を見ると、代々の遺伝により、あるいは世の教えの束縛に慣れ、あるいは我が身の優美な姿を重んずる心から、無言のまま独り暮らしを守り、自分から再婚を口にしないばかりか、むしろ拒む人のほうが多い。そばで見ていると断腸の思いなのだが、俗界の風潮はどうすることもできない。

そうは言っても、だいたい人間の悪事に対しては、存在するものを消滅して無くしてしまうというのが約束であって、因果応報を否定すべきではない。多妻法といい、若い女性の独り暮らしといい、女性にとっては最も大きい最も重い愛情の大切な点が損なわれていて、その無理無法の状態をたとえれば、封建時代の武士に武芸を禁じ、学者から筆記用具や書籍を取り上げるのと同じで、無理な押し付けへの仕返しは、どこかに必ず発しよう。

多妻のけんかは陰気で根深く、意外な所で破裂して主人を困らせるだけでなく、主人の死後真っ先に厄介になる事は、複数の未亡人の始末で、親子の不和となり、兄弟姉妹の争いとなり、家督相続や財産分配などの事に忙しく、墓地の土がまだ乾かないというのに、血族の間の訴訟は早くも進んで、亡父の忌日に寺の住職は来ないで弁護士が出入りするというのは、世間にその例が少なくない。

また、独り暮らしの女性の容貌《ようぼう》が優しいのは、それは容貌だけであって、心が優美であることはできない。子供の養育から家産の始末までか弱い女手一つで引き受け、夫の生前には万事に逆らわず柳に風と受けていたその柳を、堅固な鉄腸に変えて、世の中に遠慮する者も恐れる者もないと決心はしたものの、さて実際に断固として進もうとすれば、やはり恐ろしいものも多く、四方八方皆敵のように思われて、ただ寂しいだけである。

あれを忍び、これを我慢して、もの憂い歳月を送るうちに、人の体はごまかせない。精神がウツウツとして、ついに病気で倒れるか、たとえ倒れるまでにはならなくとも、健康を損ねて心身共に常態を失い、知らず知らずのうちにいつしか気難しい老婆に変わり果ててしまう。何一つ楽しい事もなく、毎朝毎夕理屈に合わぬことを繰り返し口にしては嫁を苦しめ、そればかりか、幼少の時から手中の玉として育て上げた実の子までも疑ったり恨んだり、何の理由もないつまらぬ事で一家団らんの楽しみをふいにする人が多い。古い言葉に、「人として生まれて愛情を知らないのは玉の杯に底がないようなものだ」と、その殺風景な様を評しているが、私は一歩進めて、年齢がまだ老境に至らない女性が独り暮らしをするのは、単に杯の底がないばかりでなく、玉杯の全面に針が生ずるのに等しいと言いたい。本人の不幸はもちろん、その本人の心が、自分の知らないうちに家庭内や世渡りの円滑を妨げているという災いは、どれほどであろうか。昔、大名の奥御殿に一生奉公して生涯独身だった女性に心の優しい人が少なかったというのは、世間一般に知られていることである。

また、現代でも、老夫婦そろった家の嫁と、老婦一人の家の嫁と、どちらが折り合いがいいかと尋ねれば、平均して、舅《しゅうと》・姑《しゅうとめ》そろっているほうが嫁のために幸せのようである。老夫が必ずしも老婦を制御しているということではないが、二人そろった偕老《かいろう》の境遇は、知らず知らずのうちに人の心を和らげ、嫁に対しても思いやりが深くなるということなのだろう。

愛情一筋を心身の本体として、その他の思いをほとんど持たない女性を見る目が大変いい加減で、社会に多妻法をおおっぴらに行わせ、また、元気な若さがまだ衰えていない女性に独り暮らしをさせて、これまでその害悪を論じた者がないのは、学識者の怠慢と言わざるを得ない。多妻の悪習慣をにわかに禁ずべきではないと言うならば、次第次第に正していく方法は、決して少なくない。まして寡婦の再婚の方法など、ないわけがない。社会の先学の人たちが考え方を一転し、これまで東洋の流儀で暗黙のうちに独り暮らしを奨励してきた方法を逆にして、丁寧に再婚の大切さを説き、その具体的な方法を計画するということにおいては、少しも世の教えを妨げずに、すべてが支障なく滑らかに行われるであろう。

事は小さいように見えるけれども、決して小さくはない。女性の憂うつは、陰気な雰囲気となってまず一家団らんの情況を冷却し、更に様々の災いが根深く周囲に波及していく害悪を思うと、一女性の幸不幸はしばらく置いておくとしても、国家を治めるうえでの大問題としてなおざりにすべき事ではない。

西洋文明の流行以来、我々の学者社会にも女権についての議論が始まって久しい。一応もっともな体裁ではあるけれども、女性の本質である愛情を束縛したままで、その権力の軽重を論じている。それは、封建時代の武士の二本差しを禁じ、現代の兵隊の銃器を取り上げて、その魂のより所とするものをなくしたうえで士気を奮い起こさせるのと異ならない。前後緩急を誤る極端なものである。ゆえに私は、女権よりもむしろ女性の愛情の重要性を論ずる者である。否、直接に女権振興の根本となるのは、女性の愛情であるからこそ、特にその重要性を主張するのである。

四八　人事に裏面を忘るべからず――〝清らかさ〟のためには〝濁〟も必要悪

「たとえ野の末、山の奥、どんな辛苦も厭《い》とやせん」というのは男女の痴情を表した民謡の文句で、言葉はもちろん品がないけれども、世を治める立場にある人は注意すべき文句である。

子供は産まれて父母に養われ、やがて成長すれば父母のものではなくなる。それぞれ配偶者を得て苦楽を共にし、夫婦睦《むつ》まじく寝食するのは自然の約束で、それを妨げることのできる人は誰もいない。たとえ父母であっても、一定の境界線を越えてくちばしを入れてはならない。去就進退を自由にして行きたい所に行かせ、したい事をさせ、人間のすべき事の多いこの世の中で出没奔走できるようにしてこそ、事業も盛んになり、文明も進歩しよう。

俗に言うことわざに、「生まれてから死ぬまで親の築いたカマドの飯を食う者は意気地なし」だというのがある。男女独立の真の姿を、確かに言い当てている。例えば、農・工・商業を営む人が発奮して遠く海外に出たときの、言葉も風俗も異なる不慣れな地での不自由は、人に語ることもできないほどであろう。これこそ民謡の、「野の末、山の奥の辛苦」だが、それでもなおそれに耐え忍ぶことのできるのは、その寂しい世界にも夫婦同室の快楽があって、知らず知らずのうちに辛苦を償ってくれるからである。

今、国家経営の一端として移住の事を奨励するについても、その計画の仕方がいろいろある中で、移住者にとにかくその地に家庭を造らせるというのが、何よりも大切な事である。最初に人を募集するにも、もっぱら妻帯者を選び、独身者にはなるべく早く結婚できるようにして、早いうちに故郷を忘れさせるようにしなければならない。それでもまだ妻のない人が多かったら、現実世界の苦しまぎれの方法だが、賤業婦が往来することも、法律の網からこぼれるようにして自由にさせなければならない。

西洋人の言葉に「移住地の組織は寺と酒屋と軒を並べてはじめて完成する」というのがあるが、その理由は、住民の艱難辛苦は酒色の快楽で償い、酒色の背徳は宗教の福音で救い、知らず知らずのうちに苦しみ、知らず知らずのうちに楽しみ、そして知らず知らずのうちに矯正するという意味である。西洋の諸強国が海外に兵士を駐屯させる場合、その地には公認の遊女が必ず居る。そうでないときは、政府筋からひそかに賤業婦の往来に便宜を与えて必要に応ずるという。遊女の弊害は大きくないわけではないが、これを禁じて兵士の気が荒くなった場合の弊害は更に大きなものになるので、その利害を比較して、遊女の醜業を黙認するのである。

この種の話は下品でけがらわしく、学者の口にしたくないところだが、いたずらに言論の表面を清らかにしようとして、かえって人情の裏面を忘れ、言論だけが清潔で意外な場所に醜態をさらして、国家の実際の利益を失ってしまうことが多い。あえてここに一言申し述べておくのは、そうした理由からである。

四九 事業に信用の必要——監督者の給料は無駄な出費

人間の世界はすべて間違いだらけで、過誤、失念、杜撰《ずさん》、横着等々、思慮分別のあるのとないのとがくいちがい、そのために時間や経費を無駄にすることの多いのはやむを得ないことである。政府の公務でも、民間の事業でも、あるいは家庭の生計でも、単に物事を計算通りに進めるのはまことに容易であって、それほど人数を必要とせず、したがって費用も少なくてすんで速やかに終わるはずなのだが、実際はそうではなくて、すべての仕組みの面倒なことは簡単にはとても説明できない。

過誤、失念は二度と繰り返してはならない。杜撰、横着は傍らでしっかり監督して予防しなければならない。そのためにやむを得ず人数を増やせば、またその人数を動かすために更に人数を増やさなければならない。金持ちの家がたくさんの人を雇って、そのために数人の飯炊きを置けば、飯炊きもまた食べるので、飯炊きのための飯炊きを雇う必要に迫られるようなものである。

政府や会社の、検査、調査、取り締まり、参列、立ち会いなどというのは、いずれもそうした必要に迫られてできたもので、そのための煩雑さ、無駄な出費は推して知るべしである。

個人の事業においても同様であって、中身の事業そのものよりも、全般にわたる取り締まりに関することが忙しいというのだから、実際に一番大切なのは、信用できる人物を得て取り締まりの手を省くという事にある。番頭や手代が商売しながら取り締まりの事も兼ねるのは、大工と普請奉行と二役を勤めるのと同じことなのだから、たとえ給料を高くしても主人にとってははるかに得であり、結局、双方共に利益となるであろう。世間の事業家を見て、親子兄弟睦《むつ》まじく互いに打ち解け合っていきいきと働いている所は、皆首尾よく経営が行われている。それは、取り締まりの面倒がなくて、無駄な手数と費用とが省かれているからである。縁もゆかりもない他人を雇って、血を分けた兄弟と同じにしようというのは無理な望みだが、道徳や義理人情の話はしばらく置くとして、利益の側からだけ見ても、人の信用こそ商売での利益の根源なのだから、人に雇われる者は、自分の利益になる重要なことなのだと思って正直に働き、主人もまた、その正直の代償として報酬を多くすべきである。

商工業の事務所に役員が群をなしていてにぎにぎしいのは、身体が虚弱で労働に耐えられないために人数を多くして用を足すという事情もあるのだろうが、一方から見ると、事務所全体に信用の空気が薄くて、監督取り締まりの必要を感じさせられるものがある。

五〇 人間の運不運——人生に幸運と不運とがあるのは当然

道徳論者の言を聞くと、人の貴賤貧富は知徳の反射である、かりにも知恵をみがき徳行を修めれば立身出世は間違いないと言い、また、経済学の根本の意義として、正直と倹約と勉強と、この三者は富に至る確かな道筋であって、これまで違っていたことがなかったと言われている。いずれも正々堂々とした立論で、いかにもと思われるのだけれども、よくよく浮世の複雑な実情を眺めれば、必ずしもそうではなくて、富貴はともすれば知徳と共存できず、正直倹約もまた財産を作ることができなくて、〝稼ぐに追いつく貧乏〟が実在するようである。たとえ前に述べた立論の正反対ほどではないにしても、人々の知徳と貧富との割合が正しくないことは、事実が証明していて反対者はいないだろう。

理論の正面と実際の裏面とは趣がそれぞれ違っていて、実際の活動が幸いにもうまくいくことを幸運と称し、はずれることを不運と言う。たとえば、ここによく似た人物が二名いて、どちらも実業界に乗り出して、その行動にそれほど優劣がないにもかかわらず、甲は百万円の財産家となり、乙は一万円を得たとする。たとえその生き方に多少の上手下手はあったとしても、一と百ほどもの違いのないことは明白で、長年の辛苦の結果を見ると、幸運と不運との割合が大きく違うということが、よく分かる。このことを評すると、甲の幸運、乙の不運と言わざるを得ない。

隣家の子供は早く出世して高位高官に昇り、自分は田舎で平々凡々と暮らしている。昔机を並べた学友は社会の表舞台で高い地位にいる者が多く、かつては長者だった我が姓名を知っている人は今や世間にまれである。天変地異、流行病、不時の失火、不慮のけがなど、予想外に到来する悪事災難は、到底人力で防ぐことはできないとあきらめるにしても、同じ程度の人と人とが雑居して共に同じような生活を営みながら、苦労しても報酬を得ることができず、知徳を修めてもそのかいがないというので、天命は正しくない、間違っていると不平の声を発して、その不満の熱の度合いを高くしていく者も多い。無理からぬことではあるけれども、もともとこうした強い不満を持つ人は、今の文明を評価するときに理想が高すぎて、天地自然の法則の広大無辺であることを知っていない。

物事の道理を見通す活眼を開いて人間世界を見れば、文明は幼稚であり、人間の知恵の低いことにただ驚くばかりである。眼識のない人は千人また千人と大勢いて、私もまたその一人であることを免れない。人間世界の事柄の、十のうち九つは感情の判断に任されていて、道理による制裁はほとんどないというこの混雑の最中《さなか》に、不公平は当然で、罪は社会の組織の不完全にある。知徳と比較して貧富貴賤の報酬が判然としないことを、誰にその恨みの矛先を向けたらいいのか、その相手を見ることはできない。社会の人類文化の未熟さをとがめることができるだけである。ただ自分もまたその社会の中の一人であるのだから、もしも不満に思うならば、物事のその部分だけについて恨むよりも、恨みが生じた原因を追及して社会全体の進歩を助成し、次第に不公平の事柄を減らしていくということのほかに、良い方法はないであろう。

天地自然の約束は、綿密で固いということではあるけれども、その規模は広大無辺であり、尋常一様の人間の知恵で想像できるものではない。浮世における一時の小さな知徳と小さな名利とが照合しないことがあったからといって、そのことを天地自然の法則の問題として是非を論ずるというのは、宇宙の遠大さを知らずに評価を誤っていると言うしかない。

五二 処世の勇気――「人生の獣勇」に打ち勝とう

知性に乏しく眼識のない人が千人また千人と、感情が勝手気ままに振る舞っている世界の中にいて、自分にふさわしい生き方を求め、また積極的に社会全般の進歩を目指すには、熱心に勉強する力が必要である。

世を避けて静かに深遠な道理を考え、独り自ら悟って独り自ら楽しみ、あるいは丁寧に繰り返し人に教えて悟らせようとするのは、いかにも高尚で、美しいことは美しいに違いないが、振り返ってみて、自分がどんな社会にいてどんな人と交際し、どんな目的を持ってどんな生活をしているかと自問するときは、自分もまた、不完全な組織社会の愚かな人たちと雑居し、その愚を共にして愚中に衣食を求め、余力があったら愚を改めて知的な方向に進もうという希望を抱いている者である、と答えることになろう。

そうであるならば独り満足して高尚な理論を説いても、凡俗愚人の興味の対象にはならないという実情は、風流な会席料理の淡い味が田舎者の舌を喜ばせることができないのと同じで、論調が高ければ高いほど、聴く人がますます驚くだけというありさまだから、学者の世渡りの秘策は、時には田舎向きの濃厚な味にするなどして、超然と世間の外に居続けないということである。

人は十人十色、風雅な人卑俗な人いろいろだが、誰とでも親しく談笑して、一緒に愚を演ずるだけでなく、時には論じ合い、けんかもし、熱心に争っているうちに他を圧倒して、最後は我が意の通りに服従させて本来の目的を達する、という勇気がなくてはならない。その間には、何回か道理の範囲を超えて、厳しい言い方をすれば、獣類の争いに等しいこともあろう。ゆえに、これを名付けて「人生の獣勇」と言う。まことに見苦しいことだが、今の文明の程度では、どうしても避けられないこととして強いて許すしかない。

政界の言論の策略といい、商売上の競争の駆け引きといい、すべて獣勇が支配していて、戦争などはその頂上に達したものである。仮に楽しい我が家を離れて一歩外に出たとすると、その場合、勇気を必要としないときはない。ただその勇気に、目に見える〈顕勇〉と見えない〈潜勇〉との別があるだけである。

富貴も度を越して熱中することはできない。貧賤もほかに移すことはできない。威光や武力も屈することはできない。どのような艱難《かんなん》に遭っても毅然《きぜん》として動揺せず、固く自らを守ると共に他を上手に利用すべきときは利用して征服をねらうというのは〈潜勇〉であって、知者のする事である。また、憤りを発するときは、無数の小理屈は踏みつぶして顧みず、我が身を忘れて腕力に訴えてでも目的を達しようとするのは、熱心一筋の〈顕勇〉であって、両方共にそれぞれ特殊の功を奏する。時と場所とによる結果であって、その効に軽重の差はない。

万巻の書を読んだ大先生が、ややもすれば世の人の役に立たず、終生ふさわしい地位や仕事に恵まれなくて不平を抱く人が多いのも、つまりは、この俗世間に対処する勇気がないからである。ただ哀れむしかない。

以上述べた論からは、人間の処世の方法は、勇気の一片があれば事足りるように解されるかもしれないが、内に深遠な理想を持って勇気を制裁するのでなければ、絶対の獣勇と化してとどまることがなくなってしまうだろう。哲学理論が必要である理由である。

五二 独立はわれにありて存す——独立心は他人に寛大であれ

独立というのは、まず他人の厄介になることをやめて、すべて自分の身に引き受けて自分の力で衣食し、親子の間であってもそのけじめを明らかにして、その後に、自分の考えていることを言い、自分の考えていることを行うという意味である。その基礎がすでにできているからには、仮にも本心に恥じるようなことを犯して他人に屈してはならない。大事に臨んで意志を曲げないというのはもちろんのこと、一言一行の微細なことに至るまでも自分の納得できないことをなおざりにするのは、独立の趣旨ではない。他人への遠慮会釈は無用である。世の中の人情に従って仕方なくとか、一時の方便のためにやむを得ずとかと、右にすべきところを左にし、東にすべきところを西にするというようなのは、独立の真面目ではなくて君子として恥ずべきことである。

こう言えば、人間の生きる道は非常に窮屈で、色も艶《つや》もなく、到底打ち解けて人と交わることはかなわないのではないかと思われるかもしれないが、実際は決してそうではない。ここで言う独立とは、これで外側を装って身の飾りに使うものではない。ただ深く心の底に納めて自分で守るという意見にすぎない。その心が寛大であることは、大海が物を受け入れるのと同じで、人に向かって多くを求めず、人は人であり、自分は自分であり、人がやって来た場合も、自分の独立を妨げたり妨げようとしたりしないのであれば、悠々として交際するのはきわめて簡単である。

この趣旨を論ずるのに中国の賢者の例を借りれば、人と接する方法は魯の柳下恵であり、自らを守る心は殷《いん》の兄弟伯夷《はくい》叔斉《しゅくせい》であると言っても過言ではない。一片の独立は生命よりも重い。これを妨げようとする者があれば、全世界の人も敵とすべし、親友の交わりも絶つべし、親子兄弟の情も去るべし、と断じて躊躇《ちゅうちょ》しないところであるが、さて実際には、こんな極端な場合はあり得ない。

たとえば、封建時代に武士が二本の刀を腰に差したのは、天下の人を敵にして無礼者は誰かれの容赦なく切って捨てる覚悟だったからではあるが、仁義を重んじて武士道を守る限りは、刀の柄《つか》に手を掛ける必要はなくて、何十万の武士が何百年の月日を無事に過ごしたというようなことである。当時の社会には品性の下劣な者も多く臆病《おくびょう》な者も多かったとはいえ、そうした人が武士に向かって無礼をしない間は彼らを許し、お互いに往き来して自由な交際を妨げなかった。ただ、真の武士は、自ら武士として独り武士道を守ったのである。

ということで、現代の教養人も、独立の方法を昔の武士と同じようにして大きな過ちはないであろう。

五三 熱心は深く蔵《おさ》むべし——火薬・ダイナマイトは使い方が大切

近年機械力の技術が次第に進歩し、水力・風力・蒸気力の時代もようやく過ぎ去って、まさに電力の時代に移ろうとしている。ただただ驚くばかりであるが、さらに空想をたくましくして希望を言うと、今日までの世界で、値段が安くて膨張力が大きいということでは、火薬やダイナマイトの右に出る物はないであろう。今、もしもこの種類の膨張力を機械に応用して原動力にしたならば、その経済効果はどれほどになるであろうか。わずか数銭の火薬・ダイナマイトで、莫大な船や車を動かすのに十分であろう。

莫大な重量の石炭を燃やして蒸気を作るのと、とても比較できないが、残念なのは、火薬・ダイナマイトは機械的に制御する方法がないことである。もったいないことに廉価の膨張力を無駄にして人間の役に立っていないのは、トラに乗る方法をまだ知らなくて、いたずらに野に放っている状態と異ならない。

（私が少年のころ吹き矢で遊んでいたら、ある人がこんな話をしてくれた。九州の筑後の辺りでは、吹き矢を吹くのに人の口ではなく、筒の元に一粒の焔硝《えんしょう》を付けて、ねらいを定めて線香の火を点じ、その勢いで矢を吹き出す方法があるというのである。子供心にも面白い話だと思ったが、もちろん私が試してみたわけではない。その後、西洋の本を読み機械について学んで蒸気のことを知るようになっても、この吹き矢の話が忘れられず、なんとかして火薬その他の爆薬を制御して原動力に利用できないだろうかと空想し続けて三十余年、常に人にも語ってきた。近年ヨーロッパでは石油機関を整備して、石油に火を点じてガスとし、その膨張力で機械を動かせるようになった。実際に我が国でも、この新機関を使っているものも多いということだから、火薬・ダイナマイト等を動力に利用するという空想も確実に空想だけでは終わらずに、何年か後には実現した姿を見る日が来るであろう）

ひそかに思うのだが、古来世の中には熱中人と言われる人があり、その人のほとんどは、体質が強壮で根気もあり勇気もあり、心は磊落《らいらく》、世俗の情況に頓着せず、見るからに心酔しそうな性格である。こうした人を仕事に用いた場合、その働きは、頭でっかちで軟弱な者どもとは比べものにならず、優れた業績を挙げることは間違いないし、実際に功を奏した例も少なくない。

今の文明の裏では獣力が全盛を極め、その獣力の体裁を繕うために人工的で優美な儀式で飾り立てるだけで、大は国際交流から小は個人の日常の処世法に至るまで、優劣の差は大きく、弱肉強食の事実は厳として存在する。

これほどに殺風景な人間社会に生きながら、単に書物を講義し理屈を論ずるだけで家から出ようとせず、それで世間に対処し国を守《も》り立てようとするのは、社会の実情と掛け離れていること甚だしい。気楽な暮らしに満足している間に、他人から土足で枕べを踏み荒らされることもあろう。それゆえ、一片の熱心さは、今の世では正当防御の道具としておろそかにすべきではないのだが、ただ難しいのは、この熱心さを使って膨張力を利用しようとするときに、とかく意のままにならないということがある。

主家のために忠義をと、日ごろから尽くしている召し使いが、主人を思う余り簡単に乱暴して近隣を驚かし、極端な場合は人を傷つけて、かえって主家の面目をつぶしてしまったりする。これが大きくなると、いわゆる忠君愛国の志士が武勇義烈の思想に熱して周囲を顧みず、その熱がいよいよ高まるにしたがって膨張もまたいよいよ激しくなり、ついに制御できなくなってしまうというのは、政界の歴史上珍しくない。

ただ昔の英雄豪傑には、こうした志士の熱心さを利用して巧みに統御した例もある。火薬・ダイナマイトを機械に応用し、馬の代用としてトラに乗ったということで、「英雄人を欺く」の一方法であるが、こうした事例は乱世での特殊な例であって、太平無事の時代に試みるようなことではない。

それだけではなく、人類文化の進歩にしたがって、英雄の勢力は次第に衰退して、人を欺く方法も行われにくい取り決めになった。志士の熱心さが全く無用というわけではないが、人類文化の進歩と共に、その方向も改めなければならない。それぞれの人固有の熱意を大切に保存しながら深く腹の底に納めて、外面には人間の優美さを装い、他人が容易に察知できないようにすることである。あたかも宝刀を錦《にしき》の袋に入れて不測の事態に備えるというようにすることは、今の世に生きていくためにも、国が独立するためにも最も大切なことである。

五四　嘉言善行の説——声高よりも静かに土壌作りを

世に道徳家と言われる人が「嘉言《かげん》善行」（戒めとなる善い言葉や行い）などと称して、古人の言行を集めて書物に著したり口で説いたりして子供たちに教えるのは非常に良いことだが、その言行の十中八、九は忠孝についての事のみである。しかも、その忠孝は、主君や親の身の上に直接かかわる大事に臨んで、臣下や子供としてなすべき務めを果たしたというような、いかにも差し迫った場合の苦労の軽重によって、忠孝心の厚薄を判断するといった内容のものである。感服に値するようなものでは全くない。

彼らの言う忠臣は、必ず乱世か、そうでなければ暴君のもとに現れ、孝子は、多くの場合極貧の家に生まれるか、または悪い父母に仕えるという例で、社会全体のためには非常に残念な内容である。当事者の忠臣孝子はいかにも感心ではあるけれども、人間世界の歴史を平均的に見ると乱世よりも平穏な世が永く、暴君もまた代々続くものではない。そしてまた、中国の孝子二十四人を選定した『二十四孝』のような幸せな例も滅多にないであろう。

ということで、道徳論者が心酔する忠臣孝子の辛苦も、人生に絶無のことではないが、これを処世の方法として子供に教えるのは大間違いである。例えば、医学の最も大切な第一の要は、生理を明らかにして健康の増進を図らせることである。時には外科手術も必要だが、その範囲は狭いのだから、一手術をもって医学全体を網羅すべきでないのと同じで、人生の行路には、独り忠義を尽くさなければならなかったり、大変な孝行をしなければならなかったりという艱難辛苦もあるかもしれないが、それは、滅多にない不幸と出会った場合である。社会の平常でない情況というのは、滅多にない。

それなのに、今、この滅多にない忠孝の異常な例を目標として、人の日常の行動を導こうとするのは、外科の一手術をもって万病に対処しようとするのと同じであって、学者たる者の口にすべき言葉ではない。ましてや、極端に度を越えた忠孝については当然のことである。その熱の激しさが高度に達したときは、事の利害を度外視して一方に片寄ってしまう先例が非常に多い。

少年の教育には特に留意して、同じ忠孝を説くにしても、これを教育に必要な一つの事項として心中の奥深い所に納めて、教えるときには、特に話すことを考えずとも自然に心中から発生したものを活動させる技術こそが大切である。なお付け加えれば、文明の営みは大変に複雑で多岐にわたっており、人間にかかわる物事がすべて同じではなくて、忠孝によく似ている行動が結果的にはかえって逆であったり、忠孝とは思わずにしたことが結局は首尾よく成就したりという場合も多い。

若い人たちのなかには、忠君愛国などを唱え、思慮もなく天下の事を論じて家庭を顧みず、社会のために何ら益することがなくて父母の重荷になっている者がいる一方で、生来素直な子供が、特に専門の学問や技術を身に付けなくとも、働いて自力で衣食するという大切な意義を忘れず、勉強に励んで身を立て、良い家庭を作る者もいる。暮らしが温かくなることで父母の心身も安定し、家産相応の租税を納めればそれが国庫歳入の一部分となり、忠とも孝とも言わなくとも自然に忠臣孝子となる者もいる。

西洋のことわざに「空き樽《だる》の音は高し」というのがある。私は、忠孝の声がにぎやかで空き樽のようになるよりも、声はなくとも忠孝の実のあることを望む者である。

五五 人を善く視ると悪しく視ると——人を見たら善人と思え

人間は鬼神ではないので、他人が心中考えているかすかなところまで知るわけにはいかない。しかし、社会は善人悪人が雑居して入り乱れているだけでなく、正直な君子でありながら評判の良くない人もあり、よこしまな小人でありながら巧みに外面を装う人もある。ましてや、昨日は非と思ったことを今日は是と思うような、人の心の変化が激しい情況の中では、いっそう難しい。善悪の形跡が外面に現れてはっきり分かるものは別として、微妙な心の働きまでは、識別しようとしても到底人の力では不可能である。

そうした微妙な心の働きに応対する方法をどうすべきかと言えば、まず自身の知恵のあらん限りを尽くして他の人の言行を観察し、できるだけ正を近づけ不正を遠ざける工夫をすることである。それでは、信ずるべきか疑うべきかの区別がいよいよ困難になった場合はどうするか。不正者と言われている者が、直接自分に不正を仕向けたことがなく、ほかにも明らかな不正の形跡を表さない場合は、とにかくその人を正者と見るべきである。

その結果、時には予想を誤ることがあっても、もともと鬼神の能力など持っていない人間の知恵で真偽を決するのだから、他人を善く認めて誤るのも悪く見て誤るのも、誤るという点では同じであり、その成果となると、個人のため社会のための利害における相違はきわめて大きいものがある。

小人を誤って君子とした場合、依然として君子にはならずに小人にとどまっても、何ら周囲には損益がなく、時には君子と見られたことで心を改めて君子らしいことを行ったりすれば、その時は厳然たる君子であって、社会に一人の君子が出現したのと異ならない。これに反して、君子の処遇を小人のようにすれば、その人の心を傷つけるだけでなく、君子を君子として役立てず、公的な社会のためには一人の偉人を葬り、私的な交際のためには一人の益友を失うことになる。その利害は、説明するまでもなく明らかだろう。

ただし、以上の論は、正者不正者の識別がきわめて困難な場合に適用すべきである。ただ私は、社会の交際の全面について、概して人を善く見るのと悪く見るのと、どちらを是とするかと思案したうえで、ことわざに「火を見たら火事と思え、人を見たら賊と思え」

というような度量の狭いのを戒めたいのである。君子を愛し小人を憎み、心が卑しい者の言行を容認しないということについては、私だとて一般の人たちと異なるものではない。

五六 知恵は小出しにすべし——草履取りの知恵から太閤の知恵へ

「知恵は小出しにすべし」とは古人の金言だが、大量の知恵をいっぺんに現していっぺんに天下を驚かそうとするよりも、朝に夕に少しずつ物事を滞りなく処理して、さわやかに世を生きたほうがよい。

ネズミをよく捕る猫は爪を隠すという。隠すのはよいが、生涯隠し続けてネズミを捕らなければ爪がないのに等しい。進んでいく世の中に付いていけない人が、ともすれば英雄豪傑を気取って人間社会の事に背を向けて、愚鈍と言われようと迂闊《うかつ》と評されようと馬耳東風で平然と構え、この事は拙者の守備範囲ではない、その仕事は自分の身分に合わないなどと、勝手気ままに好き嫌いを言うその様子は、病身の貴公子が飲食物を選ぶ気持ちと異ならない。世の中の進歩から取り残された人は、胸中に大きな知恵を納めていながらそれを利用するということをしない。もしも利用するならば、大いに役立てて大いに活躍しようと思うだろうに、残念なことに、仕事のほうからやってきて人を求めることはない。こちらから進んで求めるのでなければ、結局は仕事にはめぐりあえないだろう。

ネズミを捕ろうとするならば、猫のほうから近づくべきであって、ネズミがやってきて猫に触れたというのは聞いたことがない。猫はネズミだけをねらうのではなくて、トンボであろうとセミであろうと見つけ次第飛び掛かって、日ごろの腕前を発揮する。それが猫の本分である。

猫の爪は隠してはならない。捕り物の大小にかかわらず腕前を試す機会があったなら、それを無駄にせずに功名を現すべきである。このことを評して「爪の小出し」と言うこともできる。昔、太閤《たいこう》秀吉が木下藤吉郎から次第次第に出世したのは、大きな知恵を持ちながら、初めは草履取り、次いで薪炭奉行、次は普請奉行と、次第次第にその知恵を小出しにしてかいがいしく仕事を処理し、ようやく大名に立身すれば大名の知恵を出し、そして、ついに天下を掌握して天下の知恵を出したからである。もしも、木下藤吉郎が武家奉公の初めから英雄豪傑を気取って、草履取りは拙者の領分ではない、薪炭奉行は我が身の身分に合わないなどと威張っていては、到底天下を手に入れることはできなかったであろう。太閤生涯の大事業は、知恵の小出しによってなされたのである。

五七　細々謹慎すべし――徳のある人はマヌケヅラをしていない

「君子聖徳の士は容貌愚なるがごとし」と言えば、何かものものしく、英雄豪傑の性格を示しているように聞こえるが、その辺のことは、たしなみとして深く胸のうちに納めておいて口に出すべきでないだけでなく、顔色にも表すべきではない。

人は生きている間浮世の凡俗と雑居していて、我が身もまたその凡俗中の一人であれば、品性の美を修練して立派な徳のある紳士になろうと努めるのは当然の義務である。それなのに、徳を修めればなぜその容貌が馬鹿のようになるというのか。徳が次第に立派になるにしたがって、表情もおのずと間抜けには見えなくなって、世の中に尊敬されるはずである。

それなのに、愚か者のような表情を見てとって立派な徳の徴候と考えるのは、人間の取るに足らない小さな事は無視し、この上ないほどの高尚な徳の心を養って、悠々満足せよという意味だろうが、そういうのは、仙人の仲間にこそふさわしいのであって、凡俗の世界の事ではない。ましてや、年若い子供たちの品行を戒めてこまごまと言葉や行動を慎むことを導かなければならない今の世には通用しない。立派な徳はいまだに活力がないままだというのに、いたずらに勝手気ままな習慣を助長するだけである。

これをたとえれば、一休和尚が仏法の極意に達して、かえって仏の道をはずれ、仏を拝まず魚肉を禁ぜず、悠々とした態度で一見なまぐさ坊主に似ているのは、一休にしてこそできるということである。和尚もまた仏法の中の一道具として見るべきではあるが、世の中に大勢いる小僧たちが、まだ一休のような高い徳に至らないうちに、なまぐさ坊主の形を真似るようなことがあっては、これこそ仏教界の大変事である。

「君子聖徳の士は容貌愚なるがごとし」というのは、人間世界にはきわめてまれな特別の例を示す思いもつかない珍しい言葉なのである。文明がいろいろと忙しい世において、事に当たり人と交わるための教えではない。進歩する時代の後ろを歩く人は、ぜひ心得ておきたいことである。

五八　交際もまた小出しにすべし——心を込めて細く長く

人と交際する方法は、いろいろと複雑で多岐にわたるが、簡単に言えば、訪問、面会、談話、遊戯、会食、そして品物の贈答等にすぎない。

実際の場に当たって、その方法をどうすべきかというと、これも五六で述べた「知恵の小出し」と同じで、一度にまとめて派手に交際するよりも、細かに注意して常に怠らないようにすることが大切である。

遠方に離れている友人が一年も二年も音信不通であったのが、何か心に感ずることがあったのか、あるいは大切な用事ができたのか、突然手紙を寄せて、こまごまと言葉を書き連ねたとて、それによって友情がにわかに発生するものではない。それよりも、普段に格別用事がなくても、時々簡単な短文でお互いに音信を交わす習慣を続けていれば、何かの時の大事に臨んで、ちょっとした一言で用が足りるという便利さがある。

まれに盛大な宴席を設けて古くからの知人や親類をもてなすのに大金を費やすよりも、四季折々の花鳥風月を眺めながら共にお茶を飲むなど、手軽に集まってしばしば顔を合わせるほうが、はるかに楽しい。西洋の文明社会に、ティーパーティーと称して、簡単に茶菓を用意して客を招き、男女入り交じって談笑しあい、一夜の楽しみを共にするという集いがある。交際の方法を手軽にして会合を簡単に開こうという考えから生まれたのだろう。

また、人に物を贈るのは、その物の軽重にかかわらず、ただ気持ちを表すだけのことなのだから、例えば、昔の恩人の恩に報いるとか、あるいは現在世話になっている目上の人や先輩などへ挨拶するとかにしても、一度に身分不相応な品物を贈ったからといって、それで物事が終わるものではない。本当に自分の心に感ずることがあるならば、常にそのことを忘れずに、時々先方の邪魔にならないように訪問して、物を贈るにも心を込めて贈れば、その物は軽少であっても友情は品物の外にあふれるほどになろう。

以上述べた交際の方法は、容易なようで決して容易ではない。心身が活発で万事に行き届き、あくまでも根気のある人であってこそ、はじめて実行できよう。世の大人と言われる人は、小さい事にはこだわらないなどと称して独りで納得し、用事のない人と文通しないのはもちろん、必要があって送られてきた書状にすら返事をしない人も少なくない。本人にとって不利なだけでなく、社会全体を殺風景にすると言うべきであろう。

五九　察々の明は交際の法にあらず——友を得るには知的であり過ぎぬこと

「水清ければ魚棲《す》まず」という。魚のために泥水はよくないが、あまりに水が澄みすぎると姿を隠すのに不都合か、あるいは餌の乏しいのに苦しむか、とにかく魚は少し濁った所を好むようである。

さて、人間はどんな動物であるかと尋ねれば、今の文明の程度においては、知徳共に完全な人はいない。天下の事を憂えて誠心誠意一点の私心もないと称する政治家も、その裏面をかいま見ると、行動は修まらず、生計は立たず、家庭は乱れて借金の不義理に弁解の余地もない。学問に励むべきはずの青年が、自分の不運を嘆いて貧困を訴えながら、その実、他人から借用した金で、昨夜は花柳界で遊んで今朝は権力者を訪ねて官職への道を頼み込む。本来無一物のはずの僧侶でさえも、高利の金を貸し帳簿をひもといて金を数える者がある。キリスト教の信者が、教会で日曜の礼拝を終わり帰宅早々に夫婦げんかを始めて隣人に仲裁してもらったりする。そこまでもは不体裁でなくとも、その人の天性や習慣で、あるいは酒の限度をわきまえられずに飲めば酔態をさらす者がある。あるいは容貌に似合わぬぜいたくな衣装を好み、家では糠《ぬか》味噌汁をすすりながら流行を追って無駄づかいをする者がある。あるいは話し中に失言が多くてむやみに赤面する者がある。あるいは心の中で喜びながらも顔は笑うことができない者がある。やたらに平身低頭する者もあれば、常に背筋を高く伸ばしてお辞儀の仕方を知らない者もあるなど、ほとんどは人間の生まれつきの癖とでも言うべき事柄で、深くとがめるようなことではないが、やはりその人の欠点としないわけにはいかない。

その欠点には大小の差こそあれ、十人が十人、百人が百人、すべての人が傷もつ身で、知徳・言行の完全な人はおそらく一人もないであろう。こうした傷だらけの世の中にいて、自分もまた多少の傷持つ身でありながら、やたらに細かい事まで調べあげて他人の短所を摘発しようという考えを持っていては、たとえその事を口には出さなくとも、人はその人の表情から心中を感じ取って、近づこうとしないだろう。他人の欠点を知れば知るほど、ますます不愉快になるというその傾向は、自分の容色や衣装に満足しない女性が、鏡に向かって独り悲しみに暮れている心情と変わりない。無心の鏡に向かってさえそうなのだから、ましてや有心（思慮分別のある）の人に接して、その人の何もかもを映し出す鏡になっていたのでは大変である。お互いに近づこうとしても、それは到底無理である。

地位もあり、徳行高く学問に通じ、知識才能共に抜きん出て非難すべき点のない人物でありながら、信頼する友人がいないという交際の狭い人がいる。その原因は様々だが、自分の知力に任せて、他人の言葉を冷淡に聞き流すだけでなく、ややもすれば詰まらぬ事に他人の短所を挙げ、警句で人の急所をつく毒言を吐いて無益の殺生のようなことをするというのは、交際上の最大の欠点と言わざるを得ない。

立派な人物にとって交際面で大切なのは、小事にこだわらず磊落であること。時には無責任な放言や悪口・叱声《しっせい》があったとしても、それらはすべて空砲であるべきで実弾を込めてはならない。言葉の中に、ほんの少しであっても実弾を込めて弱点をねらい打てば、どんな小さな散弾でも与える苦痛はきわめて大きい。たとえ相手の弱点を知っても、それを改めさせるのは別の手段によることとして、気長に許すところがなければならない。水があまりに清ければ、魚は棲めない。人は知的であり過ぎれば、友を得るのが難しい。友人を受け入れるには、度量が広く、多少ぼんやりとしているところもあったほうがいい。

六〇　知愚強弱の異なるは親愛の本なり——不平等こそ幸いなれ

「同名相衝《つ》き異名相引く」というのは電気学の原則であり、積極と積極、消極と消極が接すれば、互いに反発し合うのに対して、積極と消極は必ず引き寄せ合って密着するという約束がある。考えてみると、人間世界の様子も電気学の原則に従っているように思う。男性と女性が引き寄せ合うのは今更言うまでもない。だいたい知愚・強弱の方向を異にする人同士では、親愛の情を容易に抱くのに対して、知者と知者、強者と強者が近づくときは、ともすれば衝突してしまいがちである。

父母が子を愛するのは、天から与えられた性質だというが、一方から見れば生んだ子供がか弱く無知でひたすら父母を頼りにするので愛情が一段と深くなるのである。大勢の子供の中で、体が弱かったり、知能が低かったり、あるいは道楽者に限って、父母から特別深く愛されるというのも理由のないことではない。自分が生んだ子供でも、やがて成長して一人前の男女となったときに、親子の愛情も方向が違って、赤子のときのような状態というわけにいかないのは、子供の心身が発達するにしたがって、知愚・強弱の程度が父母に比べてさほど隔たりがなくなり、もともと「異名」だったのが、ようやく「同名」に変わったしるしと見なければならない。

こうした約束は、単に親子の関係のみならず、広く社会の様々な交際についての様子にも当てはまる場合が多い。世の中の好色男子が、とかく正室を遠ざけて妾を愛するのは、単に容色を愛するだけではなくて、正室は主人と同等同格なので、何となく敬遠したいところがあるのに対し、金で買った町なかの女は身分が当然自分より低く一種の遊び道具のようなものだからである。強い自分の立場で卑しい身分の弱い女をもてあそぶことに無限の楽しみを覚えると推測して間違いないだろう。

一方には、美人の美を愛すると共に、その才知を喜ぶという説もあるが、その才能というのは、単に座を取り持つ機転が利くとか、一歩進めても詩歌を良くしたり筆跡がきれいだったりとかという程度の才知で、遊び道具をほんの少し高尚にしたにすぎない。もしもその美人が天下国家の事に関心があって、常に主人と同等に議論を交わして得意顔を見せるようでは、親愛の情は自然に消滅するであろう。西洋諸国の女性が家計が豊かであるために男性よりも高い教育を受け、結婚後も夫の才能や学識に感服しないばかりか陰で夫を軽蔑する心があって、夫婦の間がとかく穏やかでない人が多いというのも、知者と知者、強者と強者との衝突にほかならない。その他、昔の君主と臣下、先生と門弟、今の政党首領と党員、将校と兵隊といった関係の人たちがお互いに親愛できるのは、地位や才能の強弱知愚の程度が同じでないからである。

こうした種類の事実は、あまりにもたくさんあって数え切れない。人間の世界において、強弱知愚の程度がちょうど同じくらいの人同士が親愛し合うという例は、ほとんどないと言っていいだろう。対等の人を和合させるには、それ以上の一段高い強者・知者がいて両方を圧倒するか、あるいは、お互い外に対して恐れるものがあって、自分たちの衝突を忘れているという事情によるしかない。昔の優れた君主と賢い大臣が、艱難を共にすることはできるが安楽を共にすることはできないというのも、艱難の間は、互いに自分のことを忘れて「同名相衝く」という決まりを消し去っていたのが、安心の境遇になったことで、その本心を現すからだということを知るべきである。

人間社会において、小は家族間から、大は社会一般の人々の交際や友人の間柄に至るまで、人々の知愚強弱の差が大きくなればなるほど、ますます親愛の情が深くなり、それと反対の場合は、衝突を免れない。殊にその職種が同じであれば衝突もまた激しく、学者と学者、政治家と政治家、武人と武人、僧侶と僧侶、それぞれ職業が同じ、力量も同じという者が互いに反目しあって、つまらぬ事まで他を攻撃するのが普通なのだが、学者と政治家が接し、武人と僧侶が交わった場合には、きわめて穏やかであるといったようなことは、職業の上でも「同名相衝き異名相引く」の原則を示しているのであろう。それゆえ、世間で言われている褒めたりけなしたりの話を聞いても、よくその出所を吟味し、職種などの同名異名を明らかにした後に判断しなければならない。俗に言う「商売敵」の心情は、微妙なところまでも大きな影響を及ぼしているものである。

以上述べたことが間違いなく事実であれば、世の中の貧富を平等にし、貴賤を一様にし、知愚の差をならし、男女間を同権にするというような、すべての平均論は、経済・哲学・教育の目的として学者がもっぱら主張するところだが、現在なお、その目的が達せられていないのは幸いである。本来の目的は大いに美しいものであるのだが、浮世の人の心情が今の状態のままで、すべての事が平均化された境遇に置かれたのでは、その平均は衝突の媒介になるだけである。文明の世の人心は、まだ平均化されていない。そうした中で、どうして境遇を平均化できようか。学者は十分留意しなければならないところである。

六一　不行き届きもまた愛嬌の一端なり——完璧すぎては疎んじられる

人として生まれて、自分の身を卑しいと決めている者はいない。どんな愚かな人でも、どんな謙遜《けんそん》家でも、その心の底には必ず何かより所とする主張を持っていて、一切すべて他人の言行に感服するという人はいない。ましてや、それ以上の人物では当然のことである。多少才知のある人ならば、人と接したときに、たとえ表面的には相手を尊敬して服従しているように見えても、裏面では必ずしもそうではない。あるいは、相手の言葉遣いや態度に不行き届きの点があれば、心の底で独り冷笑してひそかに喜んでいるという気持ちがないでもない。それはつまり、生きていくうえの自負心であって、見方を変えれば嫉妬《しっと》心とも言える。

人の知識や才能は、たとえれば有形の私有財産のようなもので、これに富む人は他人に尊敬されると同時に、おのずとうらやまれることにもなる。そうなりたいというので、全知能を働かせてのさわやかな弁舌が万事に行き届き、いかなる困難に遭おうとも人の忠告など耳に入れず、徹頭徹尾少しのすきも見せないなどというのは、一見感服の極みではあるが、普通の感覚の見方からすれば、あまりにも行き届きすぎてかえって愛嬌《あいきょう》に乏しく、そのために人に憎まれたり疎んじられたりする恐れもあると言えよう。

品性が卑しく下劣な人情の世界では、隣家の富をうらやむのが日常における普通のことであり、また、他人の盛衰はもともと自分に関係のないことなのに、その衰えていくのを見てひそかに喜ぶ人も多い。たとえ知的な能力に富む人でも、世間の人たちと交際するに当たって、特に被害を受けることもなく自身の独立を妨げることもない限りは、言行の鋭い矛先を包み込んで外見を優しくし、知らない事は知らないとして、人に質問するのはもちろんのこと、その質問に対する答えに愚説があっても、すぐにそれを退けてしまわずに丁寧に耳を傾けるべきである。質問したり答弁したりという際には、自分もまた時には失言することもあろうし、大きな間違いをして失笑されたり赤面したりすることもあるだろうが、そうした失言・失笑・赤面は、すべて無邪気なことなので、かえって愛嬌の一端として交際のために味を添えてくれる。

貧乏の世界で富者が生きていくことの容易でないことを知ったなら、馬鹿者の世界で独り知能を輝かそうとして人に嫌われる人もまた一種の馬鹿者であることを明らかにしたのと同じと言えよう。

六二 国はただ前進すべきのみ——文明学者は足ることを知るべからず

文明の進歩の程度を計る際に基準とすべきものは少なくないが、その中でも言論の自由・不自由は、人類の文化の程度を表す信号とでも名付けるべきもので、その束縛をゆるめて次第に自由に移るのは、間違いなく文明の進歩と見るべきである。

我が国が開国以来今日に至るまでの間に、人民に不平の声がなくなってしまったわけではない。政治上の圧制といい、古くからの風俗習慣の不自由といい、いろいろ束縛されたものがたくさんあって、政治家にしても学者にしても、仮にも文明主義の先駆者をもって自ら任じている者が、一意専心こうした束縛を払おうと努力してこそ社会に幸福をもたらすのである。実際また、そうした努力は無駄ではなくて、生活の上での自由の範囲は、日を追って広くなり月ごとに増加して、かつての封建時代とは違っている。文明論者の熱心さと比較すれば、今もなお不満足のものも多いとはいうものの、振り返って過去を顧み、開国以来四十年、その間人民の言論界にどんな自由をもたらしたかと、前後を比較してよくよく見てみれば、我々はただ恍惚《こうこつ》として夢のまた夢に浸っている感があるのみである。

旧幕府長州征伐のころ、幕臣で神奈川の副奉行（組頭《くみがしら》）を勤めた脇屋卯三郎《わきやうさぶろう》という人が、長州の親類へ尋ねたいことがあって手紙を送ったときに、書状の中にほんの少し時局について述べ、「なんやかやと騒々しい時節です、なんとか賢明な君主・宰相が現れて世を鎮めてくれることを期待したい」と、たった一言だけ添えた手紙を途中で奪われて、脇屋は長州に二心を抱く者との嫌疑で捕縛され、切腹を命ぜられた。

それより以前、長崎の通詞堀達之助は、ロシアの軍艦が難船して伊豆地方に漂着したとき、通訳の公務で同じ場所に出張、何回もロシア人と書状を往復しているうちに、先方からの一通に筆跡の見事なのがあったので、翻訳の仕事が終わった後に、しばらくその原文を手元に留め置いて横文字の手本として手習いをしているところを人に見つけられ、堀達之助は公文書を私している、この様子では何をロシアに内通するかわからないと、ただちに投獄され、五年もの間鉄窓の中で苦しめられた。

当時の日本は「攘夷《じょうい》の日本」で、外国人は夷狄《いてき》あるいは異人であり、洋学者は一種の悪魔・異端者にすぎなかった。それゆえ洋学者たちは、文明主義の興趣深さを十分理解し、その道を学んで広めようと思っても、周囲の人はみな反対者で思っていることを言えない。たまたま耳を傾ける者があっても、単に西洋の機器を使いたいなどという浅はかな考えで、政治や社会の文明論については一言半句も口に出すような状態ではなかった。

一例として、福沢諭吉自身に関することを述べたいと思う。

今を去ること四十余年、諭吉が長崎遊学の後、大坂の緒方洪庵先生の所で蘭学を学ぼうと藩の役所に願い出たときに、異国の学問修業は許可できない、砲術ならば許すという内々の指示を得た。蘭学医の門下で鉄砲の稽古というのは、これこそ不許可にすべきだろうにと思ったが、洋学の意義などを主張して役所と争っては大変なことになると観念して、役所の指示に従い、緒方洪庵方に入門して砲術を修業するという願書を提出して、早々に藩から脱出したことがあった。

さて、緒方先生に入門して掲示されている塾則を見ると、その第一条に学生の読書・研究についてのことがあるのはもちろんだが、ただ原書は読むだけで、一枚たりとも翻訳は許さないとある。洋学社会の言論は、ここで行き詰まってしまったといってよい。

以上は昔物語で、その後王政維新の春の時代に遭遇し、万事自由の世の中に変わった。とは言っても、人民の骨に染み通った専制の風習は、政治の上でも、人民の生活の上でも、簡単にはなくならない。たとえば、国の政治は議政と行政と二つに分かれ、司法は政府の外に独立して、時の宰相といえども法律を左右する権限はないと言っても、大岡裁きの講談に耳慣れた人民には、その意味が理解できない。

また経済論で、国の貨幣に政府の極印を押すのは、単に金銀の性質と金額とを証明するためであって、極印のあることで貨幣の価値を地金よりも高価にするのではないと説いても、昔から通貨が通用するのは政府の威光のお陰と思い込んでいる国民には、西洋流の経済思想は容易に耳に入らない。ましてや、国庫にある金は、国民がみんなで出し合ったものと言ってもいいのだという論など、とても理解できるわけがない。国は政府が私有していて、その私有地を使っている国民から取り上げた税金は、それは当然政府の私有財産である、与えるも奪うも自由自在のその金を、国民が出し合った金と同じなどと言うのは理由もない出任せだと、かえって世の中の人を怒らせたほどであった。

しかし、明治も十年二十年とたって、今は二十八年となった。過ぎた年の様子を見れば、政治も法律も経済も次第に論議が盛んになって精密になり、しかも実際に行って効果を挙げ、国民もまた封建時代には前世から定められていた運命の夢を見る者がなくなった。まれに昔の夢を語る者があれば、いたずらに自分の愚かさを表して人に笑われるだけでなく、ついには身を滅ぼす結果にもなった。

これは要するに、今日の日本は、真に文明開化の日本であって、昔を思い起こせば、何もかもすべて望んだこと以上に達して、全く申し分ないように思われるが、しかし、ここで更に威儀を正して大いに論ずべきことがある。それは、我々国民は、決して今日のありさまに満足してはならないという一事である。

「足ることを知る」という教えは、一個人の私に適している場合はあるかもしれないが、国としては、千万年の間に一日たりとも満足の日があってはならない。多欲多情ますます足らないことに不満を持って、一心不乱に前進することこそ国の栄える基である。ここに過去を顧みて、何年間にある点からある点に達したという事実があったら、ただちにこれを将来に当てはめて、今後どれだけの年月を経て一つの希望に達せられるかということを計算するのは難しくない。個人的な手紙の一言で切腹という思いもかけぬ災難が生ずる無法残酷な日本が、今日の法律を見るに至ったまでの年月は、わずか三十年である。今後三十年の進歩もおよそ想像できよう。

政治・経済、また、かの忠孝徳育論など、これらの問題について今の社会の風潮の中でわずかに許されている言論の範囲は、果たして満足できるものであろうか。私は決して満足していない。例えば、過去幾年間の進歩は、荒金の日本を鍛錬して機械とし、銅を変じて銀にしたのだから、今後同じ時間を掛けてその機械をますます精巧にし、その銀を黄金にすることも容易である。そして、この進歩改新の役割を担う者こそ、これからの文明学者なのだから、その責任は重い。

いたずらに昔を懐かしんでそれに心を奪われることなく、目を古人に向けずに広く新しい考えをめぐらし、日新また日新、そして自身が古人となることに励むのが、文明学者の務めである。

六三　空想は実行の元素なり――無限に考えて実行は万分の一

思うことは、言ってはならない。言ったことは、行ってはならない。

学者が深夜独り孤灯の下に座って、思いつくままに人間世界の様子を観察していると、この世界に満足できないばかりか、でたらめで愚かなことが多いのに驚くほかない。理屈の上に理屈を重ねて考えてみれば、今世界中に国を建ててそれぞれの国に政府を設けているのは、果たして何のためなのだろうか。各国が利益を争って殺し合ったり、国の法律が人民を保護すると言いながら、その人民に貧富苦楽の差をつけたりするのは最も理解できないことで、また宗教といい婚姻法といい、どの辺りに真理が存するのか等々、自問自答して、次第に計り知ることのできないほどの深いものを求め、次第に言い表しようのない複雑な境地に達するときは、世界の人類と名付けられるものはすべて無知無魂の動物で、苦楽美醜の区別も知らず、ただ無駄に生まれて無駄に動き、そしてついには無駄に死んで消えるものであるとの結論に終わってしまうだろう。

思案に疲れて眠りに就き、翌朝になって、前夜浮かんだ空想を詳細に人に語ろうかと思っても、決して語ってはいけない。語ってもその真意を理解する人はいない。かえって誤解して害悪の媒介となることが多い。思ったことを言ってはならないというのは、そうした意味からである。

また、親友・同志の仲間たちの間では、事情の許すときには無駄話の合間に多少口から漏れることもあろうが、それを言う者も聞く者も実行の勇気がないばかりか、自身の行いは往々にして反対であることが多い。言ったことを行ってはならないのである。

それでは、学者の空想は全く役に立たないかというと、決してそうではない。空想というのは実行の根源であって、人間社会の進歩は、すべて空《くう》から実《じつ》を生じたものである。近い一例を示すと、維新の初めに廃藩の大事業があり、その実行は明治の初年だったが、門閥の横暴な振る舞いを避けよう、無駄に三百諸侯を養うのは愚かだという考えは、大名全盛の時代からもうすでに学者や有志者の脳裏にあった。それを実行して成功する見込みはなかったが、日本全社会を根底からひっくり返そうと深く心に思っている者もあって、まれには事のついでに口に出すこともないわけではなかった。それが廃藩の実行を容易にした一番の元だったのである。

こうした種類の事柄は数え切れない。明治の社会での文明による盛んな事業は多いが、その由来を調べると、ことごとく人の空想を実現したもので、今後の改革進歩も必ず同じ道を通るのは確かである。そのことは間違いないのだから、文明の学者が世に処する方法としては、常に凡人俗人の思いの及ばないところに心をはせて、様々な想像を無限に描き、百千の新案を考えて胸裏に貯え、機会を見て世に発表したり実行したりということでありたい。それは、新しい楽器をふところにして容易には音を発せず、周囲の情況をよく観察して、ようやく好機が来た時に思い切って演奏して人々の耳を驚かすのと同じようなことであろう。

それほどまでに注意し、それほどまでに深く考えて、はじめて思うところの万分の一を言い、言うところの万分の一を行うべきである。

学者の生きる道は、苦しいこと辛いことが多いのである。

六四 言論なお自由ならざるものあり
――現代の言論には将来実現する夢がある

言論の自由と文明の進歩とが、両方間違いなく相伴っているという事実は、現代の人たちが直接に経験しているところである。三、四十年前には、学者や論客が何か意見を述べては一時大いに世間を驚かし、無責任でいい加減な発言として排斥されたという言論も、今日では放漫と言われることもなく、一般的な普通の議論ということになって、その論の研究に忙しくなった。嘉永六年の開国から明治二十八年に至るまで、およそ四十二年を四分して仮に十年を一期とし、それぞれの期の論調を前後比較してみると、期を追うごとに自由の方向に進んでいるのが分かる。

第一期中に俗論とされたものが、第二期に入ると多少非難が弱くなって、第三期には全く無罪となり、第四期には最高に素晴らしい意見として歓迎されているものの多いことは、世の人たちが親しく見ていることである。第二期・第三期中に初めて発表して、初めて非難されて、初めて騒ぎたてられたものも、次第にその非難を免れる情況は第一期の場合と同じなので、第四期である今の世に発表した論の中には世間の耳に逆らうものも多いだろうが、今後十年、二十年の間には必ず無罪放免となって、かえって歓迎の栄誉を受けたりすることは疑いない。

さて、近年、政治など社会にかかわる議論が行われるようになってきたが、その中には、ようやく自由の佳境に入ろうというものもあれば、いまだに後れたままのものもある。自分の身の経済に関する事柄は、とかく発言を妨げられる事情もあるようだが、これもまた歳月を経る間には、次第に自由に言えるように必ずなると、あえて明記しておきたい。

たとえば、ここに甲乙二人の人があったとする。甲は、常に一身一家の経済に注意し、質素倹約に努めて父母妻子を養い、外に対しても人と余計なかかわりを持たずに、借りたものは必ず返し、貸したものは必ず返済を求め、普段から貯蓄して万一に備え、また、老後の心がまえとしてはつまり独立を計画する者であるから、その言葉も行動も当然綿密であり厳格である。それに対して乙は、おおらかで小事にこだわらない、いわゆる磊落な書生である。これといった見識もないのにともすれば天下国家を論じ、ふらりふらりとあちこちに出没し、財産を使い果たして家庭を持てず、金が入ればすぐに浪費し、父母妻子が自分にとってどういう人なのかも知らず、金に困れば人から借り、借りればそれきり返さない。また、衆人満座の中で、年末月末の借金取りに追われて家に居ることもできないなどと大きな態度で放言して得々としているのは、貧窮を恥じずにかえって自慢しているように見える。

さて、この甲乙二人が今の社会とどう接しているかを考えると、磊落書生乙のほうが肩身を広くして、勤勉倹約家の甲は拝金者などと言われ、知らず知らずのうちに言論を控えめにせざるを得ない状態にある。文明社会の不思議な様相と言える。

あるいは、そこまで極端でなくとも、社会の表舞台にいる紳士たちが、日常の交際の席で自分の資力を誇る者は非常にまれなのに対して、私は貧乏ですと言えば、たとえそれによって特に尊敬はされなくとも、貧乏だということで計画性がないとか不心得だとかと軽蔑されることはないようである。考えてみると、封建時代に貧は武士にとって当然と言ったことの名残が、今もなお存在しているのである。世襲の家禄をもらっている武家にとって財産を増やすことは無用で、往々それによって士気を損なった例もあったので、貧乏こそかえって武士の美徳だったのだが、今やそうではない。文明時代の教養人は、封建の主君に養われるのではなくて、自分で自分を養うのである。

自活の道を知らない者は、独立した男子ではない。独立の国は、独立の人によってはじめて維持されるのだから、今後国の事業拡張の勢いが次第に高まるにしたがって、磊落書生を受け入れる余地は残らないだろう。今世間に非難されている拝金論も、それほど年月を経ずに次第に日が当たるようになることは、断じて疑いのないところである。

六五 富豪の経営はおのずから立国の必要なり
――ぜいたくはほどほどに

私有財産を持つというのはどういうことかと問う人があれば、衣食住を安泰にして心身の快楽を得るためであると答えたい。しかし、その意味は、衣服・飲食・住居には精巧と粗雑、重厚と軽薄の差があるのであって、際限なく快楽を得るということではない。普通に体を温かくし、腹を満たし、生活を安楽にするのにそれほど多くの財産を必要とはしない。それに、多少の装飾や趣向を加えて外観を美しくしても、そんなに費用はかからない。ましてや、外観を飾るのは流行を追う物好きな人がやることで、質素を好む人が万事簡単にすませても、心身の安楽という点ではぜいたくな人と何ら異なることはない。

要するに、人間の衣食住は、案外容易に満たされるものと言っていいだろう。ある金満家の言葉に、家計が豊かだといっても、日に三度の食事を五度にはできない。大鯛を一度に一尾は食べられない。貧乏は好ましいものではないが、金持ちだとて世の人の思うほど結構なものではない、と言ったのは事実を見事に言い当てている。

それに対して、財産を貯えるのは子孫のためだと言う人がいるかもしれないが、子孫が賢いか愚かであるかを知ることはできない。将来の社会の情勢を予測することもできない。

財産を子孫に残しても、子孫にそれを守る者の少ないことは歴史が教えてくれていて、社会の浮き沈みの情勢に詳しい人は、子孫の頼りにならないことを知っている。

そういうことで、人間の私有財産は、ある程度までは単に衣食住のためだけであるが、程度を超すと、家計にとって大切なものではなくなる。また、必ずしも後世の子孫の役に立つわけではない。知力に優れていて運にも恵まれた人が、勢いに乗じて世の中の財産を身辺に集め、その子供がまたそれを譲り受けて親の遺業を継ぎ、思う存分活用してますます財産を増やし、勢力範囲を延ばして人を喜ばせたり恐れさせたりと、大物の人物の機嫌次第で世の中の喜憂が決定されるという情況は、乱世の英雄が遠大なはかりごとを実行したときの模様と共通している。哲学的に考えれば、一見子供の遊びと似ているけれども、これは人間が生きていくために備わっている知力を働かせる一方法で、本人の快楽だけではなくて、今の不完全な文明社会においては外国との商戦にぜひとも必要であって、独立国の基盤であると言ってよい。

資産家の欲望がますます盛んになって、富国への道をますます進み、世界の中の大欲国になって、はじめて大富国になれるのである。富豪のぜいたくは非難すべきでないだけでなくて、国のために当分の間、敬意を表すべきものである。

六六　富豪の永続——富豪の家は独裁もまたよし

世間の富豪と言われる人は、新しく家を興したり、父母や祖先の残した事業を継いで更に家業を拡張したりした人である。ひそかにこの人たちの心を推察すれば、自身の人生において、家庭を治めることについては誤りがなかったと信じられるけれども、この財産を息子に譲り二代三代と伝えていくその間には、何か失敗はないだろうか、自分は万年も生きられるわけではない、まして、人間の死期は年齢とは無関係というからには、今日生きていても明日のことは分からない。もし万一にでも自分の死後に誤って家を滅ぼす者があれば、一生涯の辛苦は水の泡に等しいと、しきりに家が永続する方法を思案する人が少なくないように思う。人情として至極もっともなことだが、これればかりは人の力の及ぶところではない。

もともと今の富豪が今の財産を得た理由は、本人の知力と努力に相違ないとはいうものの、偶然の幸運がもたらしたものでもあって、その大半は浮世の幸運のめぐり合わせに首尾よく行き当たった幸せの賜物と言うべきであろう。なぜならば、人間社会において、知力努力の程度が等しく、艱難辛苦を同じようにしても、貧富に天地の差がある例は数え切れないからである。

それゆえ、人生において偶然に得たものは、また偶然に失うこともある。富豪の家の滅亡は奇異なことではないが、人情としてそのまま放っておけないというので永続の道を講ずるとすれば、その家に憲法のようなものを作り、家庭に関する内外の事柄一切を、親類身寄りや家来筋の会議に付して、主人に何事についても自分勝手に決めさせないようにする方法が一つあるだけである。このようにすれば、子孫代々の中にたとえ極端な愚か者を出すことがあっても、その愚かさを思う存分にせずにすむと同時に、たまたま才能ある主人が出ても、ただ実権のない地位にとどまっているだけである。主人というのは、有って無きがごとくというのがよい。そうした主人は、知者であっても愚者であっても家の盛衰とは関係がなくて、家名を永く存続することができる。封建時代に都や田舎の別なく富豪たちが何百年も持続したのは、多分こうした家法があったからであろう。

家を重く主人を軽く見れば、一種の便利な方法と当然考えられるが、現代は封建の時代が去って社会全般の組織が変わっただけでなく、政治上では古い慣習を逆にしてもっぱら会議が行われるようになった。しかし、民間の人たちの間では、かえって人権上云々《うんぬん》との論調が高まり、一家の主人でありながら、自ら家を治める権限がないというのは、人生の自由を妨げるものであるとして、かの家憲なども実際には行われない傾向があるようである。そしてまた、各家で私的に作った家憲で主人を束縛しようとするのは法律的にも不都合だろうから、どちらにしても富豪の財産は代々の主人の独裁に一任して、その痴愚に従って栄えたり滅びたりするのは仕方のないことと考えるべきであろう。

国の政治は、君主専制から人民会議に移り、家庭の経営は、番頭会議から主人独裁に変化しようとしている。不思議な現象である。とは言っても、富豪の子孫必ずしも愚者だけではない。英才が現れて、巨万の資産を自由自在に運営活用して大事業を企てたときは、一挙一動が世の人々を驚かせて、専制の君主が遠征をもっぱら事として多くの英雄たちを圧倒したのに匹敵するものとなろう。富豪の主人自らが家庭を経営するのを憂えるには及ばない。

（六七）人間の三種三等――上等の人になるには周囲から学べ

人間の痴愚強弱は様々で、上知と下愚、至強と至弱とを比較すれば同じ人類とは思われないほどの相違があるが、社会を経済上から見るときは、だいたいこれを三等級に分けるのがよい。

障がいのある人は別にして、もともと丈夫な体でありながら、何ら才能もなく、ただのんびりと飲食し、甚だしいのになると、ならずもので品行が収まらず、常に他人の厄介になるばかりでなく、ややもすれば他人に害を与えて自分の欲を実現しようとする者がいる。こういうのは最下等の人で、社会全般にとって、この種族は有害無益、俗に言う「娑婆《しゃば》ふさぎ」の邪魔者だから、一人でもその数を減らしたほうがよい。

一段上って、それほどには人の世話にならず、父母妻子と暮らすだけで社会の事に関係せず、間接的にも直接的にも人に何かを教えたこともなければ相談を受けたこともなく、一年の間に得たものは一年の間の生活に使い果たして、老後や死後の計画を考える暇などなく、一軒の家を我が世界として生まれて死んでいくだけという者もいる。この種の人は、国の良民として決して邪魔者ではないが、社会や人々の盛衰には関係があまりなくて、この世にあって大いに役に立つというわけではなく、いなくて大いに不自由を感ずるというわけでもない。まずは中の種族である。

もっと上って、教育の結果、または天性の才能でもって活発に立ち働き、一身一家がすでに独立して世間に迷惑を掛けないばかりでなく、更に一歩を進めて他人の相談相手となり、また社会の利害を考え、自身の地位才能を省みた結果、事に当たるべきという信念を持って社会に頭角を現す者もいる。こうした人は、あるいは私的に商業や工業を企て、あるいは公的に政治に関係し、あるいは地方の人々の利益を考え、あるいは宗教教育の先導者となるなど、あたかも自身の働きを二分して一つは家に一つは社会に置いたような状態で、公私両方のために尽くしている。これを最上等とする。

以上三種三等級の区別は、必ずしも貧富貴賤だけによるものではない。時には富貴であって厄介者があり、貧賤であって役に立つ人物がある。その理由を明らかにして文字で記すのはきわめて難しいが、事実は明白で世の人が普通に知っていることである。例えば、ある町村ある郡ある県で人が死亡した場合、そのことを聞いてその不幸を悲しむのは人情として当然だが、悲しむと同時にひそひそ話をして、病死はまことに気の毒だが、実は地方のあちこちにいる人にとって厄介払いで親類や身寄りの人もまずまず安心だろうなどと言われる者は、下等である。病死の知らせを受けて会葬はしたが、不幸の話はその日限りで翌日からはそのことについて話す者もいないというのは、中等の人物である。新聞で死亡を知って驚くのはもちろん、病中から様々のうわさを聞いて心配しているところに、いよいよ不幸を聞いてその地方の人々がまず悲しみ、そして惜しみ、この人に去られてはと言って泣く者があればおろおろする者もあり、その後も数年もの間、人のうわさに残って消えない人は、上等である。

人が偶然にこの世に生まれて、その身の行状から家での生活や処世の方法に至るまで、上等にするか、中等にするか、あるいは下等に陥るか、その上中下の区別は、わざわざ学者に質問するほどのことではない。近くにいるその土地の人の心の様子を観察して知るべきである。社会は、良き師であるという。それはつまり、これまで述べた事実が物語っている。

六八 富者安心の点――真の心の安らぎは金では得られない

人生こつこつと励んで独立の生計を営む、それは、非常に善いことである。すでに自身も家族も独立して、なおそのうえに、子供のことを思って財産を増やすことに励むのも、富豪の名を遠くにまでとどろかせてオレサマの腕前の程を知らせるのも、それもまた善いことである。優れている者が勝ち、劣る者は負ける世の中にいて、他に後れを取らずに頭角を現すのは男子にとっての大事であり、特に非難すべきことではないのだが、財産を増やすことに対する熱心さは、時の経過に従って多少の変化のあることが望ましい。

人間の一生は長いようで短く、生涯の間には種々様々に移り変わるのと同時に、心を楽しませてくれる仕方もまた一様ではない。春花秋月趣が異なっていて、それぞれを楽しむべきである。若者の遊び、老人の楽しみ、それぞれ同じでないのは年齢に従ってそうなるのだが、同じ老人でありながら、また若者でありながら、お互い好むところが異なるだけでなく、同一人物が昨日までの楽しみをやめて他の新しい楽しみに移ることもある。これを「人生の心機の転変」という。

財産を好むということは、人の欲望の中で最も盛んなものであって、これを変えるというのは最も難しいことなので、私は、世間の財産を増やすことに熱中している人に向かって、金銀の夢を覚まして無欲淡泊であれ、深く考え過ぎずに太平の世の一閑人であれと、説き勧めようとは思わない。これを説いても社会の利益になるとは認めていないし、そうした性急論は無益のことなので言わない。ただ願うのは、この種の熱財者の心機を一転させて、心の安らぎを金銀以上のものに得させたいという一事だけである。生者必滅はこの世の約束であって、生命のある限りは懸命に生きるけれども、さて、心の安らぎの点はどうかと言われれば、それは大切な生命よりも上に位置していて、死はもちろん覚悟しているると答えざるを得ない。生命には恋着すべきではない。ましてや、たくさんある小石に等しい金塊やひらひらした紙幣に対しては言うまでもない。生命と到底比較できるものではない。私は、金塊や紙幣を捨ててしまえと勧めているのではない。これを大切に取り扱うと同時に、天から与えられた不思議な精神をますます高尚に押し進めて、はるかに金銭より上の位置に昇らせようと言うのである。それは決して、望外のことではない。

さて、その金銭によってではなくて、それ以上に心を安らかにする方法について、一言述べてみたい。現代の富豪利殖家という人を見ると、彼らの気品はかなり低いようである。昔からの念願がようやく達せられると、まず家屋を建て庭園を築き、それを第一の願いとして生活の範囲を次第に広げ、自身の欲情もまた次第に大きくして、多くの男女のしもべを召し使い、友人と顔を会わせれば酒を注文して芸妓《げいぎ》を呼び、飲みながらにぎやかに金儲けの話をしたり小声で花柳界の俗談をしたり、極端になると酔ったあげくに花カルタを闘わせて興ずるという例さえ少なくない。まさに「春宵一刻直《あたい》千金」の快楽である。徹頭徹尾肉体以下のことで、快楽は快楽でも、結局は散財しての快楽であって、散財以外の快楽は見当たらない。そして、その快楽をますます佳境に入らせようとすれば、金銭の必要性はますます大きくなって、この種類の散財は、人間に金銭を忘れさせるのではなくて、かえって金銭に対する貪欲の念を培養するものである。俗世間のことわざに「傾城《けいせい》（美女）買いの糠《ぬか》味噌汁」「一文惜しみの百知らず」というのは、一方で大いに散財しながら、他の一方では吝嗇《りんしょく》・不義理・不人情を省みず、ひたすら金銭に貪欲であることを言うのだろう。

富豪の紳士どもが、時には大いに散財して豪華なぜいたくをしながら、逆に金銭に執着して忘れることができず、知らず知らずのうちに気品風格の卑しさを示して人から軽蔑されるのは、事の大小の差はあれ、これもまた傾城買いの一種であって、その根源は、心の安らぎを金銭よりも高いものに求められなかった罪と言うべきである。

とすれば、この問題をどうしたらよいか。ひたすら金銭に無頓着であれとは、もちろん勧めはしない。独立の生活をすることが立身の最も大切な基本であるというのは言うまでもないが、同時に、文明学に入門させて、有形無形の真理について原則の存在を示し、自然に高尚な方向に導くという方法が一つあるだけである。しかし、こうした学問の教育は、若い人には適するが、中年以上の人には当てはまらない。ただ困惑するだけである。そこで、ひそかに私の考えを述べれば、だいたい人間というのは、教育がどうであったかということとは関係なく、天性の能力と長い間の習慣の中で、好むもの信ずるものができていくのだから、天性と習慣の上に積み上げていくときは、中年以上老年の人でも心機を転変することは、必ずしも難しくないと思う。一種の便宜的手段として考えるべきである。

たとえば、学問もなく技術も持たないという人でも、機械が好きだという人がある。また宗教を信ずる人がある。その他いろいろな遊芸・風流といったことに心を寄せ耳を傾けるのは、人生におけるごく普通のことなので、こうした道筋から自然に進歩していくという方法もあるだろう。機械の用法を質問して次第に物理の奥義に入り、ついに哲学の味を味わったり、宗教家の地獄極楽の話を聞いて少しずつ深入りし、知らず知らずのうちに仏教理論の不思議を楽しむようになったりといった事例も少なくない。いずれも思考を高尚にする道であり、そしてまた、その信心・風流は、気付かぬうちに友人を得る媒介となって、予期しなかった大きな利益となることもあろう。

それゆえに、現代の富豪利殖家の財欲肉欲を緩和し、心の安らぎを金銭よりも上位に置いて、精神的な無形の楽しみを楽しませようとするには、真っ正面からの正式な教育をと言わずに、天性・習慣から自然に入る方法のあることを知るべきである。ただ困るのは無芸・無能・無信の金持ちどもで、これだけはどうしようもない。

六九 人心転変の機会——気が付いたら文明の世界だった

ある時突然迷いの心が解けて悟りの境地になるということを僧侶などはよく言うのだが、極悪非道の大盗賊がある席の法話を聞いて、たちまち悟りの心を生じたというようなことは珍しいことではない。人の心のはずみがまさに動こうとするその瞬間に、何かこれを導くものがあれば、あたかも火薬が点火されたように善悪表裏をひっくり返すということであろうか。だが他の一方から見れば、気持ちの転変がそれほど急ではなくて徐々に染み込んでいる間に、無意識のうちに思想が変化するという例もまた非常に多い。それは、最初目的もなく偶然に門に入り、門内の風景を見ているうちに帰るのを忘れて家人とも親しくなったというようなものである。

旧幕府の末のころ、攘夷鎖国論の最中、西洋文明に関することは一般の人の耳に入れなかった時代に、松前伊豆守という大名があった。ごく普通の大名で特にうわさにのぼることもなかったが、貴族の家柄によくあることで、いろいろと物好きな殿様であった。中でも最も好んだのが時計で、開国早々という時期が時期だっただけに、わざわざ横浜辺りから様々の品物を取り寄せて座右に置き、朝夕もてあそびながら、その時計の製造地や製造所の様子などを人に聞いたり書籍で調べさせたりして唯一の楽しみ事としていたが、そうしていううちに、いつのまにか西洋の事情に心が向くようになった。そして、西洋諸国が必ずしも野蛮な異民族ではないということを知って、それより後、広く洋学者とも接し翻訳書も読むようになって、西洋諸国の文化や風習が明らかになればなるほど心に感ずることが深くなっていった。ついには純然たる開国論の大名となり、当時国の事情が複雑だった折から、老中に任ぜられたこともあった。

同じ時代のころ、成島甲子太郎《なるしまかねたろう》（柳北《りゅうほく》）という旗本の武士があった。もともと儒学を修めて詩文などに巧みだったが、古銭をもてあそぶのが趣味で、鑑定の方面でも大変な達人であった。様々の種類の古銭奇銭を大量に集め、和漢の品はすべて手中に収めていた。当時はまだ開国の初めで、様々の外国の品を見ているうちに、その銭にもひどく興味がわいて、西洋諸国の昔や今の通貨を集めるようになった。そして楽しんでいるうちに、その銭の出処を尋ね、その国の様子を問い、そうなると、その国の歴史を知りたいと思うのは自然の成り行きである。殊にこの人は、読書の才能に富んでいたので翻訳書など読むのに何の苦労もなく、次第に西洋の事情に精通するようになって、ついに古い儒学を脱して文明思想に移り、西洋文化の率先者として世に名前を知られた。漢字訳の『万国公法』一部を初めて我が国に輸入したのは、この成島氏である。そのことだけでも、その志を知るのに十分であろう。

松前伊豆守の時計、成島柳北の古銭、どちらもその初めは単に個人の趣味であって深い意味などなかったのだが、秘蔵の品をもてあそんで独り楽しんでいるうちに、知らず知らず心の駆けめぐる範囲を広くして、ついに文明の門に入ったというのは、趣味の品物に釣り出されて気持ちが転変したものと言えよう。

今日、先進先達の人物が、世の人々を文明開化に導こうとして、意のままにならないことも多いであろう。その時には、正面から論破して相手を怒らせることをやめて、むしろ裏側に回って、本人の天性が好むところ、習慣で慣れているところを観察し、その道筋から次第に近づき次第に深く入っていって、ついに同化させるという方法もあろう。文明学者の特に注意すべきところである。

七〇 高尚の理は卑近のところにあり
――「いろは歌」にも深遠なことわりがある

人の心を高尚の地位にまで進めて、とにかく肉体以上の位置に持っていくことは、文明社会のために至極大切なことである。子供の教育も目的はその辺りにあるのであって、学校にはそれぞれの教育の決まりがあり、それを実施するのは教師の職務だが、学校を離れて広く社会の男女を導き、文明の門に案内して気品を高くさせようとするのには、単に教場の決まりにだけ頼ってはならない。日常身辺にあるものについて、丁寧に繰り返して親切に人が聞こうとすることを語り、人が疑問に思うことを解かなければならない。近いものから遠いものに及ぶ場合や浅いところから深いところに入る場合が、道理に暗い男女に、自然に高尚な思想を抱かせる機会である。

たとえば、今日東京から大阪に行こうとすれば、必ず汽車に乗るかまたは汽船を使う。遠方の文通は郵便を使うし、急ぐときは電信を用いる。それは普通の一般的な方法で誰も怪しまないことだが、その汽車・汽船の動く理由を学理的に説き、郵便事業の結果から統計学の原則を示し、電信の実際を明らかにして電気の不思議な作用を語るという場合は、すべて一切学問上の原理・理論だけで、ほかは何もない。単に文明的な新しい事物に限らず、眼前にある一本の木、一個の石、そして一枚の紙や一本の毛筋といった微細な物も、真理原則に照らして性質を説き、その効用を明らかにし、次第にそのことわりを推し量り、考えを究めて幽玄微妙な世界に入り、深遠の更に深遠なところにまで達すれば、人間の心に宇宙を包み込んで、「日月も小なり」「芥子《けし》も大なり」の思想を生ずるまでになろう。これを語る人も聞く人も、心に思う事が高尚でないようにと願っても、それは無理である。

慶應義塾の学生で真言宗の僧侶である菅学応師が、先日『弘法大師と日本文明』（伝灯会、明治28年刊）と題する書物を著し、その中の一節に、

今、いろは歌を涅槃《ねはん》経の四句の文と照らし合わせてみると、「いろはにほへどちりぬるを」の十二字は、経文の「諸行無常」の初句によって、宇宙万物の事物が変化転

移する有様を、咲き乱れた百花がしぼんで飛び散る様子にたとえて説き、「わがよたれぞつねならむ」の十一字は、「是正滅法」の第二句によって、すべての人間は遅かれ早かれ死ななければならない運命であることを説き明かし、「うゐのおくやまけふこえて」の十二字は、「生滅々已」の第三句によって、無情転変の浮世を離れて、移り変わることなく永遠に存在する悟りの境地に至ることを明らかにし、「あさきゆめみしゑひもせず」の十二字は、「寂滅為楽」の終句によって、妄想がはびこっている状態から離脱して、煩悩から離れた涅槃の安楽地に落ち着くことを示したものである。

とある。いろは歌の意味を巧みに説いて、優れた解説である。日本国民の百人中九十九人までが容易に暗唱するいろは四十七文字も、仏教学上で解釈すれば深遠微妙なことわりのあることに注意してほしい。弘法大師の絶倫の才能に、後世の人はただ驚嘆させられるばかりである。

文明の思想を世に明らかにし、貴賤貧富すべての凡人俗人たちを誘導して、小範囲では個人の気品を高め、大きく広げては国全体の位を高めようとする方法は、必ずしも学校での教授法だけに限られてはいない。身近な目の前にある物について話すことをまず試み、談笑しながら遊びながらのありふれた問答から、次第に深遠な内容に入らせるという方法はたくさんある。文明先進の学者よ、浮世の物を軽々しく見過ごしてはならない。

七一 教育の力はただ人の天賦を発達せしむるのみ

――能力には限界がある

人の能力には天性遺伝の限界があって、それ以上になることは決してない。牛馬などは、その良否が二、三歳の時に容易に識別できるという。人間も牛馬と同じである。相撲の番付の末席に二年も三年も名前を書かれている小男が、関取に昇進することは到底望めない。ただ精神の働きは無形であって、身体の大小強弱を見るようには、幼少の時から簡単に知愚を識別できないので、世間の人はややもすれば教育に重きを置いて、人間は学ぶことで知者になり学ばなければ愚者になるとして、知愚は教育次第であると信じて人力でもって知者を製造しようとする者があったりするが、これは大変な間違いである。人間の子供の天性には、定まった知愚の程度があって、馬の子の良否に約束があるように、また力士の昇進にも限度があるように、達すべきところまで達すれば、絶対それ以上にはなれない。古人の言葉に「上知と下愚とは移らず」というのがあるが、移らないのは単に上と下だけに限らない。〈中知〉〈中愚〉など、幾段階もの優劣は、すでに生まれる前から定まっていて、決して動かすことのできないものである。

こんなことを言うと、教えても益なし、教えなくとも損なしで、教育はすべて徒労と思う者もあろうが、それもまた大間違いで、世の中に人を教えるほど大切な事はないと言ってもよい。その理由を述べると、教育をたとえれば植木屋の仕事のようなものである。庭の松もボタンも、自然のままに捨てておけば次第に枝振りが悪くなって、ボタンの花も紅白の彩りを失い、虫の被害を受けて枯れしぼんでしまうが、植木屋の手で枝をため根を培い、季節ごとの注意を怠らなければ、生気がみなぎって光沢が輝き、他の野生のものと比較すると形も香も全く違って同じ種類のものとは思えないほどである。

人間の子供を生まれたままにして、体育・知育・徳育すべてに注意しなければ、その子供の天性がどの程度であっても、ただ周囲の風に吹かれ、時には知徳の虫とも言っていいような悪習慣に慣れて心身の品格を失い、おおむね粗野で下等な卑しい男女になってしまうであろう。そうでなくて、その子供の天性の素質を無駄にせずに、素質の全量を琢磨《たくま》して光を放つようにするのが教育の功徳である。

教育の要は、人間に本来無いものを造って授けるのではなくて、有るものをすべて見つけ出して見落とさないことである。どんなに腕のいい植木屋でも、草木にもともと備わっているものだけを見事に成長させるのであって、それ以上の事を何らしているわけではない。教育が大切であるとは言っても、これに重きを置きすぎるのは、社会全体の弊害となる。教師個人の方法で人物を鋳造しようとする者もないわけではないが、結局は、人間の天性遺伝には不変の決まりがあることを知らないという罪から起こるのである。

七二 教育の功徳は子孫に及ぶべし――努力の成果は子孫に現れる

穀物改良の要は種を選び培養に努力することである。まず良い種をまいて丁寧に培養すれば、前年の種よりも更に良い種を得られよう。年々歳々怠らなければその進歩が顕著であるのに反して、最初に良い種を手に入れても、ただまくだけで耕したり草を取ったりなど培養に注意しなければ、種の性質は次第に下降してこれを回復するのは容易なことではない。

人間の子供も同じである。良き父母の子供で心身の素質が堅固であっても、ただ生んだだけで、教育に留意しないか教育法を誤るか、あるいは家風が腐敗して悪習慣に落ちたなど、様々の不幸で子供の品格を落とし、二代三代も同じように下落して四代五代にまでなると、初代の遺伝は全く消滅して、愚かな弱々しい子供ばかりが生まれるだろう。封建時代の大名や富豪・名家の子孫の中に、愚かで気力が弱く最下等の人になった者が多いのを見ても、その事実を証明できよう。

名家の子孫がこのようであれば、無知無学の貧賤の子供もまた、その例を逆にして必ず昇進の道のあることを疑ってはならない。祖先以来一字も習っていない下層階級の子供を教えるのはきわめて難事である。その子供一代で学業を身に付けることなどは望まないまでも、はっきり愚者とされている者を選んで多少の教育を授け、次いで二代目になってまた同じようにして、三代四代と中断せずに徐々に進んでいくと、穀物の種が進歩するのと同じ決まりに従って、下層階級四世の子孫に大学者を出すことも決して難しくない。ただ実際の効果の表れるのが速くないというだけである。

この事を医学と比べて考えると、遺伝と言われている病気について発病者の子孫をよく注意していて、およそ四代を経過して無事であれば、先天的な体質が無くなったことになるのだという。

だとすれば、知者の子孫が愚者となるのも愚者の子孫が知者に変わるのも、病気やけがなど特別の場合を除いて、およそ三、四代の歳月を要するということになる。随分ゆっくりのようだが、そのゆっくり前進し、ゆっくり後退する事実についてとやかく言うべきではない。その進退は、教育がどう行われるかということだけが大切なのである。教育の功徳は、単に受ける人の身にだけとどまるのではなくて、遠く子孫にまで及び、社会全体が自然に進歩し、また退歩するのも、その国で行われる教育の方法が、勤勉であるか怠惰であるかにかかわっていることを、はっきりと知るべきである。

七三 教育の過度恐るるに足らず――教育は賤業にもプラスになる

寒村僻村《へきそん》に教育を普及しようと、百姓の子供にまでも本を読ませ理屈を教えるようなことになっては、文明は文明でもいたずらに若者の気位を高くするだけで、殖産の面から見ると逆に不利益の感じがないわけではない。世界各国の地理の書物を読んでロンドンやパリの華やかな様子を知れば、自分の村の狭さ、汚さに気付き、教室で高尚な物理学を討論して機械の用法などを知ったときは、肥桶をかついで畑に出る自分の惨めさを悟り、殊に新聞というものは若者の野心をそそのかす道具であって、これを読めば世の中の出来事に心を奪われてじっとしていられず、しばしば自分の進む方向を誤る者の多いのが今日の実態であって、憂えるべき大きな問題である。もしもこのままに打ち捨てておけば、教育の進歩と共に農業その他の賤業に就く者は次第に減少して、殖産上大変な事態になるだろう。結局は行き過ぎた教育の弊害なのだから、何とか考えなければならない。

以上のようなことを、ひそかに議論している者があるそうだ。ちょっと聞いただけではその通りのようでもあるが、実は決してそうではない。こうした意見を言う人は、今の田舎の若者たちが何か偉そうで生意気なのを見て、その気位の高いのを教育が普及したことのせいにしたいのだろうが、実際は全くその反対で、田舎の若者の気位が高いのは、地方の教育がまだしっかりと行きわたっていない証拠として見るべきである。

だいたい世の中の物は、数が少ないほど珍重されるのが普通で、学問もまた同様である。田舎の地方は、今もなお旧幕府時代の田舎であって、四十代五十代の老人に、本格的な教育を経験した者はきわめてまれである。そうした無学社会に、たまたま学校で学んだ若者が雑居すれば、いわゆる「鳥なき里のコウモリ」で近郷近在に珍重されて気位も自然に増長するのだが、驚くほどのことではない。今後二十年三十年と過ぎて、今の若者が四、五十歳のころになれば、その時代の若者が生意気に学問について語っても、ごく普通の事としてそれほど珍重する人のいないのは、当然の順序である。

世間に珍重されなければ、百姓は百姓、町人は町人として、それぞれ家業を営むしか生きていく方法はない。ただ、その営業のうえで、少しでも学問の素養があれば物事の道理を理解するのが容易であり、学問の利益があるはずである。世間に教育が普及し過ぎれば、人々は自然に賤業を嫌うようになるなどというのは、全くあり得ない空想で取るに足らない。そのことを歴史上の事実で立証すれば、三百年昔にさかのぼって、それ以降の人類の文化がどうであったかを見ると、年々歳々進歩を続けている。その状態から言うと、今の時代はもうすでに教育過度の極点に達していて、日本国中賤業に就く者がないはずだが、かってそういう事がないばかりか、人口が増加し貧富の隔たりが顕著になると共に、賤民の数も次第に増し、その賤民たちも教育の恩恵を受けて見識を広めて、賤業の上にも利益になるということはあっても、人員が不足するということは断じてない。

結論を言えば、人間の知と愚は相対的な語で、大知の社会に小知は愚であり、今の知者も、数年後には愚者かもしれない。賤業が本当に愚者の仕事ならば、文化の進歩に従って愚者の数は際限ないはずである。教育の過度を全く恐れる必要はない。

七四 教育の価必ずしも高からず――教育にかかる費用を惜しむな

教育の効用は、一般の世の人たちが想像し予想するような広大なものではない。また不可思議なものでもない。人間の能力は先天的な遺伝にあって限界があり、教育は、ただその表面をきれいにして本人の天性を発揮させるにすぎない。だからこそ、子供のために学校を選び、あるいは特に教師を招いて、学業の大成することを祈り、そのためには多額の資金を費やすのだが、目的を達することのできない場合もきわめて多い。外国に留学して中産階級十軒分ほどの財産を三年か五年の間に使い果たしたのに、これと言った成果もないというのは、しばしば目にする事実である。また、このことを拡大して、公共の学校の費用について見ても、国にとって容易でないほどの大金を費やしながら、生徒の平均的な学業の進歩情況はどうかと言うと、採算が合っていないようである。

今世間には、大切な公私の資金を費やして、果たしてそれに報いるだけの成果があれば特に惜しむわけではないのだが、学問の修業者に掛かる費用の平均的な数値を計ってみると、ただ費やすだけで得るものがない、教育は割に合わない値段の高いものだという、不平に思う意見もないわけではない。

数の上から論ずれば一応もっともなことであるが、更に一歩進めて、大切な資金というその資金は、実際にどういう性質のもので、どれくらい貴重なのかと尋ねれば、貴重であると同時に案外貴重でない事実も発見するであろう。家に巨万の財産を積んでも、衣食住のほかに何の役に立つだろうか。積んだ上にまた積み、うまい具合に積むことができて、それを子孫に残しても、子々孫々うまくその財産を守った例は少ない。それだけでなく、自身一代の間でさえ浮き沈みは定まらず、大金持ちが必ずしも永く続かないし、小金持ちが短く終わるというわけでもない。要するに、貧富は時のめぐり合わせで、財産はただ有るときに有るというだけである。

古人の言葉に「富貴は浮雲のごとし」とあるのは、実にその辺りの事実を表現したものであろう。それゆえ、浮世の人が財産を貴重であるとして、それにこだわるのは理由のないわけではないが、実際は遺伝の性質や社会の習慣に縛られて、ひたすら金は大切なものと思い込み、ついにはその大切であることの根拠を忘れて、理屈なしに拝んでいる者が多い。

教育の値段を評価して高いというのは、教育が高価なのではなくて、金の値段の評価が高すぎるのである。教育の成果はそれほど広大なものではなくて、それに費やす資金もまた、それほど貴重なものではないということを明確に知ったならば、不平はないはずである。そしてまた、身に付いた見識は損失の心配が全くないのに対して、身の外にある資産は跡形なく消えてしまうことの何と多いことか。公的にも私的にも、子供の教育に金銭を惜しんではならない。

七五　富者必ずしも快楽多からず――真の快楽は金では買えない

貧乏は大変良くない。家に財産がなくて他人の厄介になるのは、独立の大義にそむくだけでなく、毎日の生活の不自由は、何とも言葉で表せないほどの苦しさである。そのために人格が低下し、人相までが変わる人も多い。ことわざに「四百四病の中に貧乏ほど憂えるものはない」と言うのも、決して言い過ぎではない。それゆえ、貧乏の苦界から脱して富貴安楽の身になりたいと願うのは、人間にとって当然の欲心で、浮世の万人が万人、みなこの欲心に支配されていると言っても差し支えない。

しかし、富裕と貧乏と両者を比較して、富裕の身は、貧乏が苦しいのと同じ程度の割合で楽しいものであるかと言えば、決してそうではない。貧乏の苦痛はほとんど限界がなくて、ついには命を失うまでにもなるというが、富裕の快楽はそれほどまでに切実ではない。私有財産の効力は単に貧苦をいやして心身を安楽にする程度で、それ以上は、たとえどんなに富があっても自分の身に直接の必要はなく、ただ万一のときに貧苦を防ぐ用意にすぎない。例えば、着ることのない衣装を何枚もたんすの引き出しに納めて、時々見ては独り安心しているようなものである。

一年の収入千円の人と一万円の人との苦楽の程度を比べてみれば、どちらも飢えと寒さは免れていて、その上の日常の衣食も大きな相違があるわけではない。それ以上のはるかにぜいたくな人になれば、一年に五万も十万も使うだろうが、十万を費やす人の快楽が、年収千円の人に比べて百倍ではないばかりでなく、場合によっては、快楽に伴う口に出せない苦痛もあって、苦楽相半ばとなり、無駄に金を捨てる結果になっていたりする事実も浮世の常である。

今も昔もこの世の利殖家が、休むことなくしきりに貯蓄に励んでいるのは、貧苦を免れようと考えているのではない。資産の力で時に威圧したり、時に福徳を施したり、自分の機嫌次第で人々を喜ばせたり悲しませたりしようという功名心のためであって、利殖家の辛苦は、学者の学ぶ苦しみ、宗教家の布教、政治家の遠大なはかりごとと同じで、終生これで満足ということがない。

貧乏人は、こうした利殖家の心情を理解できない。楽は苦の反対であると信じ、貧苦と富楽とは両方相対するものとして、逆比例させて苦楽の程度を推測しようとするのは、貧界にいて富界の情況を知らないことが原因である。よく言われる「清貧に安んずる」というようなのは愚かなことで、もちろん取るに足らないが、仮にも衣食が足りている状態であったなら、それ以上の安心快楽の方法は金ではない。学問の道を歩んだ人は、自身の長所を省みて、自ら工夫すべきところである。

七六 国民の私産はすなわち国財なり——利殖の熱心さが立国富強の根源

浮世の利殖家が休むことなくしきりに貯蓄に熱中したからといって、その蓄えた巨万の財産をどうするのかと尋ねれば、返答に困るような状態であって、冷たい言い方をすれば、全く無駄な苦労をしているようなものだが、それは単にその人の一身だけに関する評価である。視点を変えて一国の文明の進歩を考え、その重要な点を問えば、国民の資力は、すべての面で頼りにされている。

全国民がそれぞれ私産の利殖を志して、衣食に不自由がなくともそれに安心せずに、百に千を足し、千に万を加え、多くなるとますますその上を望んで様々の新しい工夫を凝らす。その結果、土地の開墾となり、機械の発明となり、運輸交通の便利となり、資本集散の組織となり、互いに秘術を尽くして目新しいものを競争するようになる。それらの事業にまず最初に必要なのは資本金であって、国民の家計から衣食のほかに余るものがなければ、日々新しくなる文明の進歩は望めない。その辺りから見ると、国民の富貴がすなわち文明開化であると言える。それだけでなく、文明の競争は単に国内にとどまらず、多くの国々が相対すれば、国と国との間でも大いに争わないわけにはいかない。国の利益を守り、国の名誉を維持するためには、常に兵力を必要とし、その兵力を備える費用もまた国民の衣食以外の散財なので、それぞれの家計に普段からその覚悟がなければならない。

一つの国が独立して、内に文明の進歩を図り、外に対して強兵の勢力を強めようとするには、国民がそれぞれ自分の生活費を安くしたからといって事足りるものではない。常に私的に必要な経費以上の資産があってこそ、はじめて国の仕事を行えるのだから、利殖家が貯蓄に熱中するその心の底をうかがえば、必ずしも国のためを目的としたことでなくとも、国家あるいは公共の目で見ると、その個人の熱心さこそ立国富強の根源である。

一日のほんのわずかの利息も粗末にせず、一厘一毛の銭でも大切にして、積極的に様々の事業に精出して身を立て家を興した人があれば、その目的は老後に備えるためだったかもしれない。子孫のためだったかもしれない。極端な場合、守銭奴と呼ばれたとしても、とがめるには及ばない。一切の私産は国の財産であって、国力の根源である。一私人に対する私情を離れ、私的な道徳論を別にして公的に国家の利害を思うとき、日本人が今日なお金銭を軽んじているのは、非常に残念でならない。

七七 子孫身体の永続を如何せん——金持ちは子供の育て方が下手

新たに独立して家を興す者は、必ず心身共に屈強の人である。辛苦奔走し、多くの困難・

を克服して、ついにかねての願いを実現したのだから、たとえ富貴の暮らしの中にいても昔を忘れずに生計を営むばかりでなく、健康法にしても若く元気な時を思い起こして怠らないので、老いてもなお強健な人が多い。

それなのに、二代目となると違う。富貴の家に生まれて富貴の衣食を日常とし、家計の収入を知らずに支出し、常軌を逸するほどでないにしても上流社会固有の習慣に縛られて、いわゆる貴公子・令嬢であることから抜け出せない。交際万端に多くの費用を支出して父母を驚かすこともたびたびだが、大家の家計に影響するほどの金額でもないので、まあまあよかろうと親子の間で大目に見過ごしているうちに、最も悲しいのは、その貴公子・令嬢が体の健康を損ねるということである。

家には便利な召し使いが居るので自分で働く必要がなく、夜に寝ようと思えば寝室の用意が整っていて、ただ身を横たえるだけである。日が高く昇ってからようやく起きて、顔を洗っている間に座敷の掃除は自然にできて、座れば牛乳が来る、玉子が来る、お茶にコーヒーにパンにバター、御飯に汁に冷肉と、食べたいと思う物で意のごとくならないものはない。朝の食事が終われば車に乗って学校へ行くか、自宅に教師を招いて読書・裁縫などの稽古に半日を費やし、昼の料理、晩のお膳、魚・肉・野菜・お菓子すべて望む物が来るだけでなく、口に合わなければ更に好きな物を注文する。たまたま長老にわがままをとがめられれば、黙して何も食べずに強情を張るか、表向きは従って陰で仕返しするかである。

ようやく大人になるにしたがって、活動は静かになったが、飲食の欲はかえって増長して、男子は酒に酔いタバコにあたって頭痛を訴え、女子は甘い物を食べ過ぎて胃痛に苦しみ、筋肉はゆるんで皮膚は光沢を失い、顔色は紅ではなくて黒く、白ではなくて青く、日ごろ滋養に富む物を食べている割に血液は非常に貧しいという。時に体の運動が必要であると聞けば、寒暑風雨の時を避けて庭園を散歩し、更に大奮発して十キロほどの道を歩行すれば翌日は疲労して病人と異ならない状態である。あるいは、強壮を誇る若い紳士の仲間には、遊泳・競漕《きょうそう》・遠足などの大がかりな運動もないわけではないが、熱し易いものは冷め易くて大抵みな永続きせず、興に乗じて熱するときは、運動を口実に牛飲馬食で胃腸を損ない、損得を勘定したら何も残らないということも少なくないといった状態である。

これは要するに、今の富貴の子供は、飽食・暖衣・安楽・逸居のために体を痛め、その死は餓死ではなくて飽死であると言えよう。こうした体質の男女が子供を産めば、その子供の弱さは更に父母に倍加して、いっそうひどくなるであろう。家風は依然として上流階級の高尚・上品であって、次第次第に飽食・暖衣・安楽・逸居の便利さを重ねるとともに、家人の体質は次第次第に半死半生の苦界に沈み、四世五世の後は、その血族がついに絶えてしまうことは疑いない。ただ哀れむだけである。

世の多少の財産家は、目下、財産を永続する方法を考えるのに忙しいという。至極もっともなことだが、多分永続というのは血族の子孫に伝えるという意味であろう。それなのに、その子孫の体質が次第に衰弱して、ついに血統を絶ってしまえば、たとえ永続の方法が考えられたとしても、それを継ぐ人は血族以外の他人にならざるを得ない。財産家にとっては寂しいことではないか。

我々は、もちろん財産を永続したいということを非難するわけではない。財産の永続と共に子孫の体質も永続させて、人と金とが離れずに永久に存続する方法を生み出すことこそ、財産家の本来行うべきことであろう。それゆえ、あえて子孫の永続法を勧告したいと思うのである。

七八　生理学の大事——自分の体は自分で知ること

自分自身のことを知れというのは、人間の身体生理学の基本的な考え方である。諸学術は様々であり、我々とのかかわりも遠近軽重同じでない中で、人として自分の体が何ものであるかを知り、その物質を知り、その構造組織を知り、その運動作用を知るというのは非常に大切なことである。専門の学者でなくとも、それぞれの身を守るために、おおよその心得がなくてはならない。人間が取り扱うあらゆる道具にしても、その性質と働きを知らなければ、誤って損なうことが多い。ましてや自分の体のことである。体を大切にして損なわないようにと思うならば、まず体のことを知らなくてはならない。

身体の構造組織を示すのは解剖学（アナトミー）であり、働きを説くものを生理学（フィショロジー）といい、健康を保つ方法を教えるのは健全学（ハイジン）である。

身体は骨を土台にしてこれに肉を付け、肉は繊維で糸の集まったようなものである。骨の数は大小二百八個、普段は感覚もなく自ら動くこともできない。動いていろいろ働くのは、繊維の伸張によるものである。

飲食物は口から入り、歯で咀嚼《そしやく》して唾液《だえき》と混ざるのを第一の変化とし、喉《のど》を通って胃に至ると更に消化し、もっと下って長い腸を回り回って通過する間に骨や肉の養分となる部分を吸収して、無用の残りかすを下から排泄《はいせつ》する。これを身体の第一道という。栄養の部分を吸収すれば血液に変化して、更に骨となり、肉となり、膜となり、爪となり、毛となるなど、種々莫大《ばくだい》な体の材質に変化する。ひっくるめて、これを同化と名付ける。

血液の循環を担当するのが心臓で、心臓から血液を送り出す管を動脈と言い、動脈の末端からこれを受け取って元の心臓に送り返す管は静脈である。このように血液が循環する間に体の中の炭素が混じって不潔となり、鮮紅色を失って暗黒の色を帯びたものが心臓にもどってくると、更に肺臓に押し出されて呼吸するごとに空気に触れ、空気中の酸素を引き入れて元の鮮紅色に変わる。我々の呼吸と血液循環とは離れられない関係であって、常に新鮮な空気を呼吸して不潔なちりやほこりを避けるのは、生命力の根源である血を汚さないためである。呼吸が忙しくて空気中の酸素を引き入れるのが多いと、体温が増して熱くなるのを感じ、反対に呼吸が静かだと体もまた温度が下がる。人が眠るときは呼吸数が少なく体温が自然に下がるので、衣類を厚くする必要がある。夜中に布団をけって寝冷えするのは、夜の寒さのせいばかりではなくて、睡眠中に体温の下がったところに衣類を薄くしたためである。

皮膚の全面には微細な穴があって、目には見えないが、布やスポンジ、あるいはザルのような様相をしていて、日夜蒸発の役目を担当している。これを気孔という。この気孔がふさがると、風邪や下痢など様々の病原となるので用心しなければならない。例えば大いに働いて汗をかいた後に急に衣服を脱いで涼風に当たったり、または皮膚にアカの付いたのをそのままにして入浴しなかったりなどというのは、気孔をふさいで蒸発を妨げることになる。病後の人などが夜外出して夜露に当たるのはよくないというが、現実は露が空から降りるのではない。夜になって気温が下がると、急に気孔が収縮して蒸発を妨げるので、病人に害があるということなのである。

精神は脳に位置していて、一切の知覚の役割を担当している。全身の運動は、その大小に関係なく脳の命令に従っている。脳は、たとえれば発電機のようなもので、ここから発して全身に縦横している神経は電線である。指先が火に触れたときに瞬間的に指を引くのは指の働きのようであるが、実は火に触れたときに熱いということを指先の神経が脳に申し述べ、それならばその指を引けと命令されて、はじめて動くのである。ただその上中と命令が非常に速いので時間を感じないだけである。このように脳は身体の主宰者であって大切に保護しなければならないので、頭蓋骨《ずがいこつ》で覆って外傷を防ぐ備えをしている。

人間の心身は、ただ休ませてばかりいてはならない。常に心を働かせていないと愚者になる。常に身体を安楽にしていると虚弱になってしまう。よく運動して筋骨を動かし、思案工夫して脳を働かせて生気を養うと同時に、心や体の使い方をいろいろと変化させ、また適宜休息させることも大切である。

その方法だが、一昼夜の二十四時間を三分して、八時間は眠り、八時間は働き、残る八時間は食べたり遊んだり、自由自在の休息時間と定めたい。また、働く八時間も精神労働のみでなく、肉体労働のみでなく、両方折半して、四時間は心を使い、四時間は体を使うのが適当だが、仕事の忙しい世の中にはとても望めないことだから、八時間連続精神を使った人は、休息時間にもっぱら身体運動の快楽を求め、反対に肉体労働を通した人は、休息時間に体を静かにして心を楽しませる工夫をするのがよい。

以上は生理学養生法の概略の一端で、順序もなく述べてみた。これだけのことを知ったとて、実際に大いに役立つということもなかろうと、もちろん承知しているが、生理学の基本に自分自身のことを知れというのは、おおよそこうしたことを言っているのであって、まずその学問の方向を示して、世の人々に入門したいという気持ちになってほしいという、ささやかな意図があった。最近生理学の種類の書物が多く出版されている。これを読むのは、今の世に生きる人の義務と言ってもいいだろう。世間にうようよしている学ばざる者どもが、家計が豊かであるにもかかわらず、健康法に無頓着で病気に冒され、病床に就いても医者の選び方を知らず、寒かったり、熱かったり、痛かったり、かゆかったり、ただ苦しんでいる。そのうえ、生理や病理についての知識がないので、たとえ良医に会っても、はっきりと病状を述べられず、また医師の言葉を聞いても意味を理解できず、黙って何が何やら分からないままに治療を受け、分からないままに苦楽を訴え、生きる理由を知らないままに生き、死ぬ理由を知らないままに死んでいるのは、みな同じ一連のことである。家計が豊かなのに家族は死ぬ。結局は学問を重んじなかった因果としか言いようがない。

七九 無学の不幸――無学は死を招くこともある

最近友人から聞いた話である。

ある大家の夫人、年齢もまだ初老前後なのに、病気で亡くなったという。その病中の様子を聞くと、ある日急に具合が悪くなって、家族はあわてて、すぐに掛かり付けの医師に使いを走らせて往診してもらった。その医師が最初にやったのは、草の根や木の皮を煎《せん》じた薬を飲ませることだったというから、昔流の医師であることは歴然としている。

それより医師は、昼夜付きっきりで、代診の弟子は看護婦の仕事をし、師弟が協力して煎じ薬の治療を進めているところへ、鍼医《はりい》も来る、按摩《あんま》も来る、隣家の老人が勧める売薬もひそかに飲ませる、親類の紹介による加持祈禱《きとう》も行うなど、できる限りの手を尽くしたけれども、症状が次第に進んで、いっこうに快方に向かう気配がない。

そこである人が、こうまでしても薬の効果がなく神仏のご利益も現れないのだから、今はもう仕方がない。このごろ話題になっている西洋流の医師に診察させてはどうだろうと発言したのに全員賛成し、それでは、その西洋医は誰がいいだろうということになった。ところが、Aは有名だが、家の方位が何とかの方に当たってふさがっているとか、Bは方位は差し支えないが、今日明日は来てもらうのに日柄がよくないとかと、あれこれ話がまとまらず、一両日を無駄にしてしまった。

念には念を入れて、ようやく西洋医学の医師を招いて玄関に入ってもらうと、まず家人が応対して一通りの容態を述べ、次の間に入れば按摩が出迎え、鍼医が応対し、みなほとんど同じように病状を語る。そして奥の病室に入って、はじめて主治医である昔流の医師に面会するのだが、病状に関して弁ずる内容は全く理解不可能である。医師の話ですらそうなのだから、ましてや家族の話すことなど分かるはずがない。枕元で看護する主人をはじめ子供たちは最初から病気の症状がどうであるかを知らないのだから、容態を語るのには取り留めがなく、ただ茫然《ぼうぜん》として患者の苦痛を眺め、うつむいてひそかに涙を拭いているだけのようである。そんなことで、その西洋医は、家の門に入ってからおよそ半時間余りを費やして、ようやく直接患者を診察した。

患者の病気は、どこか内臓の膜の急性炎症で、発病以来の療法は全く効果がなかったのみか、かえって悪化させた事実さえあって、もはや施す方法はなく、二、三日後ついに亡くなったという。

巨万の財産を持ち、何一つ不自由なく暮らした人が、突然の病に襲われて、主人は永く連れ添うはずだった妻に別れ、子は最も親しい母を失い、驚天動地、一家が真っ暗闇の不幸に陥ったのはなぜか。家風が学問を軽んじて身体の生理に関する知識がなく、大事なときに医師を選ぶことを知らなかったからである。もしも、この患者が貧しい女性で、発病してすぐに施療病院に入れられ新しい医学の治療を受けたなら、たとえその取り扱いは丁寧ではなかったとしても、治療法は初めから誤ることがなくて死なずにすんだことは間違いない。富貴は幸か、貧賤は不幸か。千万長者の貴婦人であっても、死ぬか生きるかというときになれば貧乏人に劣るという。人間世界での最大の不幸は、無学から生ずるものの多いことを知るべきであろう。

八〇　謹んで医師の命に従うべし――医師を信頼して命を任せよう

暮らしの中で身を守るのには、生理学の知識がなければならない。病気にかかったときの治療の筋道は、一通り心得ておくべきである。これをたとえれば、家を普請するのに主人自ら手を出さないにしても、大工や左官が今何をしているのか、おおよそのことには目を向けなければならない。また、自分の事に関する訴訟事件を弁護士に託しても、一通りの法律の論理は自分でも理解して利害を常に念頭に置かなければならない、というようなことと同じである。大工左官に普請を一任して、家屋の構造がどうなるのかを知らず、弁護士に訴訟を依頼して法律の道理にかなっているかどうかを知らないのは、自分の家庭の利害を知らない人である。

病気を医師に託すだけで、自身はどんな病気の症状に苦しんでいるのかを知らず、どんな治療法でこの病症を抑えているのかを知らないのは、自分の身を自分が知らないことで、人生の恥辱と言ってもいいだろう。

だが、ここで注意すべきことは、自分自身病症のおおよそを知り、その治療法を知っても、すでに医師を選んで託したからには医師の命令にそむいてはならないということである。素人が時々医学の話を聞いて面白く思ったことから、薬品の名前も聞き覚え、ついには自宅に一通りの薬を用意して、下剤・発汗剤など自分で調合して服用する人があったりする。いわゆる半医であって、医学の敵と見るべきである。

病気になって医師の往診を待ちかねて、湿布・足湯・半身浴などの外部からの対処は許すべきだし、時としてはすぐに効果があったりするが、すでに病気と定まって医師に依頼したからには、一身の生死をその医師にすべて任せるべきである。それは、医師を救世主として仰ぐことなのだから、たとえ自宅にどんな薬品があっても、どんな人の忠告に出会っても、主治医の命令のほかは一切従ってはならない。患者はもちろん家族一同の医師に対する大事な心得は、自分たちは無学無知識、療法については全く何も知らない者と心に決めて、どんな小さい事でも救世主の命令を待つということである。そうあってこそ、医師もはじめて患者と家族を信じて、思うままに技量を発揮できる。時には、一瞬のうちに診断を下して思いがけない効力が出現することもあろう。

世間にも医師にも、信頼に関する苦情がそれぞれにないわけではない。弁舌の過ぎる避けるべき、さげすむべき俗医が少なくないが、一方、学問を修めた立派な医師にも、患者側から信じてもらえないことを憂える人は多い。

八二 空気は飲食よりも大切なり——都会人はオワイ物を常食にしている

衛生のために飲食物の良し悪しはもちろん大切なことだが、飲食が一日三回と決まった量があるのに対して、空気を呼吸するのは昼夜全く休むことがない。空気が身体に直接かかわる点では飲食物と同じであり、その良否の影響もまた同様だが、衛生上からは、呼吸がより大事であることを知らなければならない。

都会の人は、田舎の生活を見て不潔だと言ったりするが、その不潔は、ただちょっと見ただけでそう思ったのであって、もう少し事実に注意すれば、都会と田舎を比較して田舎のほうがかえって清潔であることを発見するだろう。百姓の生活はもともと粗末であって、家の掃除も行き届かず、飲食物の匂いも良くなければ、衣服も汚い。だが、戸外に一歩出ると、見渡す限りの風景は清らかでけがれなく、新鮮な空気を呼吸できる。それだけでなく、百姓の日常生活は、山に行き畑に出て、男も女も老いも若きも家に居るのはまれである。戸外の仕事が忙しいので、都会の人が不潔だと言うその家に居るのは、一年の半分にも足りない。そして、その不潔の家というのも、ただちょっと見て不潔なだけで、家の中に流れている空気は新鮮であり、それを呼吸すれば、他の飲食物などの粗末なのを償って余りある。都会の住人が紅塵《こうじん》の立ち込める中に家を造って、昼夜二十四時間ちりの中に起居し、ちりの中を往来し、ちりの中で調理したものを食べ、ちりで汚れた衣服を着けて、身体の内外を汚れたちりで覆われているのに比べれば、到底比較にならない。

　そこで、その紅塵というものの性質を吟味してみると、都会に住む数え切れないほどの人数が吐き出す息や、体から蒸発する水分をはじめとして、便所、下水、掃きだめ、牛馬犬猫のフン尿、魚・肉の腐ったものや骨・はらわたの捨てたもの、米のとぎ汁、風呂の洗い流し、病人の排泄物、切り傷や出来物のウミ・カサブタ、その他伝染病患者の吐《と》しゃ物もあれば痰《たん》・唾もあり、下肥樽のあふれたものもある。千差万別の様々のオワイ不潔物が、湿気や熱に蒸れて蒸発したり、太陽で乾燥して風に飛ばされたりして、うっとうしく半天を覆っているのが、都会の紅塵である。市中を歩くと黒の衣装が白くなり、耳目鼻口が汚れて不愉快を感ずるのも、家の縁側や障子、硯《すずり》などにほこりがたまるのも、すべて紅塵が風に吹かれたものである。都会の人が金衣玉食して立派な邸宅に住んだとしても、その衣食住はオワイの中の衣食住であって、豪華なのは、ただ目に映るところが豪華なだけである。

　呼吸は、間断なく二十四時間直接身体に関係して、生命の源泉となっている。空気の性質がどういう状態であるかを吟味して、化学的医学的にその害毒を明らかにしたならば、ぞっとしておののくほかないであろう。人間の呼吸を飲食と同じと考えれば、都会の住人は、富豪大家であっても、様々のオワイ物を常食にしているということで、百姓の食べ物が清浄無毒であるのには遠く及ばない。このことが、医薬に不自由であるにもかかわらず、地方に病人の少ない原因の一つなのであろう。摂生家の留意すべきことである。

八二 形体と精神との関係――精神の緊張が健康を支える

人の寿命には限りがある。その寿命を全うさせるには、ただ日ごろから健康に留意するという方法が一つあるだけである。それは医学が教えてくれるもので反論すべきではないけれども、今日の医学は、有形の理論について追究しているだけで、精神面については、今なお不十分のようである。

議論の中で、もちろん精神に関することを取り上げないわけではないが、病理の上で、身体と精神とがどんな関係を結んで、どんな影響を及ぼしているかという段になると、まだ精密な論拠は出ていない。精神の働きは無形で、これを研究することはきわめて難しいからである。そうは言っても、実際の場において両者の間に親密な感応のあることは明らかである。

たとえば、軍隊の戦時と平時とを比較すれば、戦争の間は衣食住の不十分なことはもちろん病気やけがの手当ても行き届かず、平時と同じというわけにはいかない。不養生の毎日なのだが、さて身体の具合はどうかと言えば、健康は平時よりも良好で病人の数が割合に少ないという。また、船舶の乗組員が睡眠や食事の時間が不安定であり、鉱山労働者が昼夜を分かたず働くといった不養生は、普通に行われていることだが、特にそれによる害は目にしていない。また、それほど健康に見えない老母が一人の愛児を養育して、この子が成長するまでは何としても死なれないという無理な望みを持ったにもかかわらず、不思議にもその老人が長命だったということもある。こうした事例は数え切れないほどある。いずれも精神が緊張していたために身体を維持したのであって、双方が直接に関係し合っていたということに着目したい。

これと反対に、夫と別れたり子を亡くしたりしたのが原因でウツウツとして楽しまず、ついに病気になる人もある。殊に、永く連れ添うはずの老夫婦が高齢になって配偶者を亡くすと、後に残された一方も急に気力を失って死ぬ人が多いようである。また、老人が死に臨んで、子が遠方から来るのを待ち、その待っている間は不思議に持ちこたえて、その子がもどったのを聞き、一目見て一言発してそのまま逝くという事実は珍しくない。せんじ詰めれば、人間は、望みを失ったり、張りつめた精神がゆるんだりすれば、身体に変化を生ずるということである。

以上の事実が間違っていなければ、紅塵が立ち込めている不潔不健康な都会に住む人たちが、どうして病気にならずに生命を保っているのかという理由を発見するのも難しくはない。市民の十人中、八、九人は貧乏人だが、衣食に追われるほどではないので、多少の意欲はあって名誉と利得のために忙しく、機会を生かして金を儲けよう、あの人と結託して立身しようと、前後左右に目を配って金のため立身のためとあれば水火もいとわず、三日三晩一睡もせずに、その間どこに居て、いつ何を食べたかさえろくに記憶していないという有様である。衣食や名誉利得に関する日夜の葛藤《かっとう》は、兵隊が戦地で飢えて食べ物を求める、あるいは敵を殺して功名を立てたいという心情と同じで、健康のことなど全く念頭にないのだが、精神が張りつめているので病気も近づいてこない。言い換えれば、都会人の紅塵の中に、無病息災という貧乏の功徳、名利欲情の賜物が存在すると言ってもよい。

そういうことだから、都会の紳士が年齢不相応に、近ごろとかく病気がちで気力も衰えたと言うのは、立身して財産もでき、何はともあれ、かねての願いの何割かは達したと、あえて口には出さないまでも内心では多少安心して精神がゆるんだ人に多いようである。その反対に、下流階級の労働者は、何年稼いでも貧乏には勝てずに健康だけは保って、そしてとうとう病気になって苦しむのは、ほとんどが本当に衣食に困っての生理上のことが原因になっている。なぜならば、彼らが衣食を求めるのは本当に必要だからなのに、得ることができないからである。

果たしてそうだとすれば、健康法を考えて都会の紅塵を避けることの重要性は、特に中流以上の資産家の身にこそ切実であることを知らなければならない。営々と苦労して働いている最中の壮年世代についての話ではない。

八三　有形界の改進――勇気を持って新奇を目指せ

進歩改良は人間の生きる目的であり、ひたすら前にのみ進むのだが、さて実際の場に臨んで、無形の事柄は変動するのが難しく有形物は改革し易い。学者として注意しなければならないことである。

たとえば、昔から言われている人倫、道徳、宗旨、政治、法律などは、これまで詳細に分析して真理の所在を吟味してきて、改めるべきものがないわけではないが、根拠となるものがなく、学者はただ思うだけで口に出すことはできない。それだけでなくて、冠婚葬祭に関する細かな事は古い習慣が幅を利かせていて、表面的な儀式も容易に変えられないというのが実情である。

これに反して、有形のものは年々歳々その様相を改め、千変万化が果てしなく続いているが、変化は円滑に行われて人の心を興奮させることは少ない。時には旧から新への変遷に際して世間を驚かすこともないではないが、単に一時の小波乱であって、慣れるにつれて新奇が必ずしも奇ではなくてむしろ便利であることを喜び、古い形は自然に消滅して跡形も残らない。数百年数千年の歴史を振り返ってみて、衣食住に関するものから運輸交通の方法などに至るまで、一切の有形物の変遷を調査したならば、新旧の変化は、別天地の観があろうかと思う。だからといって、その変化のために人心動乱があったという話は残っていない。

特に我が国は、開国以来、時代の移り変わる勢いが非常に激しく、わずか三、四十年の間に、頭髪の形も変わり、衣服や装身具の慣習も変わり、火鉢はストーブとなり、あんどんはランプやガス灯・電気灯となり、武士の二本差しは一本の杖《つえ》となり、往来の駕籠《かご》は人力車となり、ホラ貝や太鼓のつわものは鉄砲の兵士となり、押送りのいくさ船は鋼鉄の軍艦となり、陸の汽車、海の汽船、諸工場の製作、書籍・新聞紙の印刷、郵便・電信・電話の便利など、日本人がかつて夢想だにしなかったものを採用して、確実に新日本国を造り出したのだが、国民は少しもこうした変化に驚かずに平気なばかりか、更に進んで新しい工夫を怠らないのは全く不思議である。

私はこのことについて、人間は生きていくうえで常に新奇を好む心を持っているのだと評したい。それだけでなく、その未知への興味は、強い思いがまず発起して、特に新奇を求めるのではなくて偶然に珍しいものに触れ新しいものに接して、それに誘われて熱中するのである。その情況は、一杯の酒を飲んで更に二杯三杯と欲しくなるのと同じであって、それが世の多数派なのだから、文明の先達者は、有形の世界の革新には、どんな急激な変化を試みても世の平安を害する心配のないことを十分承知して、仮にも理論的に可能と思う事柄は、周囲を気にせず想像のままに実行して全くかまわない。不幸にして失敗したら、もう一度挑戦すればいい。その間に失うものは多少の金銭だけである。それほど恐れるほどのことではない。三度失敗して一度成功すれば、失った分を取り返してなお余裕がある。俗に言う石橋をたたいてばかりいたのでは、文明の進歩は期待できない。

八四　改革すべきものははなはだ多し——都会で快適に住む方法を考える

有形界の改革について、ある学者は言う。

「従来世界中の家を見ると、二階三階建ての家にも台所は必ず一階に設けられていて、飲食物を調理する臭気を上に昇らせ、二階に居る人は、当然その匂いをかいだり熱に蒸されたりして不愉快になるだけでなく、風の吹き具合によっては、近隣の人までもが不愉快な思いをするというのは実に愚かなことである。この後家を造るときは、何階の家であっても台所を最上階に置き、かまどの煙はもちろん、臭気や蒸気の出る調理一切は家の上部で行って、出来上がった飲食物を下に降ろす方法に改めるべきである。そのようにすれば、家族は、食事の前に作る人の姿を見ず、声を聞かず、料理の匂いをかがないままに突然口にするので、一段と美味を実感できるだろう。それもまた一種の利得である……」

この説は、決して根拠のないことではない。機械の使い道が次第に便利になって、台所を家の上のほうに置くといっても、水・燃料その他の物を上へ送るのは容易なことであり、また、下水やごみの始末もいたって簡単なことである。

もう一つの案は、都会に住む人が、密集して建ち並んでいる家の中に閉じこもって、光線の入らない室内で不潔な空気を呼吸しているのは、健康に害があると言うけれども、今の時代では、多少の費用をかけて学問的な理論を応用すれば、その害を防ぐのは難しくない。まず光線を取り入れようとしたら、必ずしも家の側面からと考える必要はない。屋根の側面とか頂上とかの光線が豊かに入る所に凹凸型ガラスの大きなのを装置して、屋外の大空の日光をとらえ、そこからこれを各室へ引くのに管で水を引くように集めたり分散したりして明るさを取り入れたらいい。それだけでなく、今の電灯の使用法を少し進歩させれば全く日光に頼らないことも可能である。

また、空気の不潔を防ぐには、家を密閉してやたらに空気を流通させず、外壁の適当な箇所に大小の穴をあけてその穴に綿を詰め、外から入る空気は必ずこの穴の綿を通過するような装置にすれば、どんなに不潔な空気でも綿で濾過《ろか》されて清浄無垢《むく》となろう。ただそれだと室内の空気の流通が不十分のおそれがあるので、電気扇または蒸気扇を利用すれば、流通の加減は自由自在である。夏の暑いときは氷を室内で溶かし、冬は石炭または蒸気で寒さを防ぐようにしたらいい。

以上のような装置にすれば、都会の真ん中、紅塵百丈の地に住んでも、鮮明な光線に浴し、清浄な空気を呼吸し、夏暑からず冬寒からず、理論上の衛生は大安心で、静かに月日を過ごすことができよう。更に一歩を進めて、何千何万坪の邸宅地の周囲と天井を鉄骨ガラス板で密閉して今述べたような装置を施せば、必ずしも窮屈な室内に閉じこもる必要はない。広い邸内は無毒無害の小世界であり、悠々と運動して、馬に乗るもよし、車で走るもよし、自然とひとしおの快楽が感じられるであろう。

また、もう一つの案だが、もともと西洋式のレンガ造りの家は、遠い昔、穴の中に住んだのが進化したもので、日本の木造家屋は、野蛮人が住んだ木片・草葉・樹皮の小屋に由来したものと考えないわけにはいかない。今や大いに面目を一新したとはいえ、千万年来の遺伝的な習慣から容易に脱することができなくて、現在も建築の材料として、穴の住居に使用した石、小屋に使用した木を用いていて、ほかの材料まで考えの及ばないのは不思議である。

そこで考えるのだが、近年製鉄事業が大いに発達したのをチャンスとして、家屋の建築から内部の造作に至るまで、すべて鋼鉄を使って、装飾には金銀のメッキ象眼を施すなどの趣向を凝らしたならば、火災・震災の予防はもちろんのこと、建物の重量も減って、地固めの無駄な労働や費用も省かれよう。鋼鉄の使用は、家屋だけにとどまらない。馬車をはじめとして様々の種類の車にも適するだろう。今日すでに、ブリキの桶を木製の手桶の代わりに使用して使い易いと喜んでいる人が多い。あるいは、鉄は熱の導体なので、これ

を使うと家にしても車にしても寒暑の季節には困るという説もあるだろうが、石綿のよう
な不導体を利用すれば、伝導を防ぐのは容易であり、それは蒸気罐《かん》の塗装法を見ても知る
ことができよう。
更にもう一つの案であるが、文明が進歩すれば、人々はしきりに都会に集まって、その
ため地価が騰貴する。地価が騰貴すれば、家を三階にし五階にし、ついには十階以上二十
階にも及ぶ。人口は市の周囲に膨張するよりも上方に昇って、上下幾層も重なった都会に
なるのは自然の勢いであり、西洋諸国では、すでにそれが現実のものとなっている所もあ
る。

さて、往来の道路はというと、二階への階段のようでもあり、水路のための堀割のよう
でもある。百畳の二階座敷へ幅九十センチの階段を設け、何里四方かの溜まり水を流そう
として一筋の溝を掘ったとて、実用には適さない。今の市中の道路は、その昔、人口が少
なく、わずかに平屋か二階三階の家に住んでいたころの人数に適したものであるのに、
人々が七階八階に住居を構えるようになっても道路の幅が依然として同じだという。その
状況は、九十センチの階段、一筋の溝と変わりない。もちろんそれでは役に立たないので、
住む人が七重八重になると同時に、その割合に従って、往来の速力を七、八倍にするか、
道幅を七、八倍にする必要は明らかだが、どちらも差し支えが多くて実行し難い。

そこで、新しい案だが、家が十階二十階であるのに対して、二、三階ごとの高さに高架

道路を建設するという方法がある。目下実際に行われつつある高架鉄道などはたまたまその一端なのだが、まだ目的を達するまでには至っていない。近隣の往来には、汽車の上り下りは不便である。徒歩・馬車・騎馬・自転車などのためには、ぜひとも高架道路を造って、現在地面にある道路のようにし、市民住居の層と往来道路の層と、どちらの層も相互に平均して、はじめて実用化され、都会が繁盛して上昇の実績を見ることができる。将来のある日、こうした起業は、今から期待することによって必ず実現するであろう。

(八五) 人種改良――奇想天外な話にも耳を傾けよう

人間世界の道理と言おうか感情と言おうか、千万年来、代々の遺伝に存在して人々の骨身に徹している習慣は、その利害がどうあろうと容易に改めるべきではない。たとえそれを口にしても世間を驚かすだけで、いわゆる空論漫語にすぎないものも、空論漫語また時には人の思想の幅を広くするためには役立ったりもする。「天の階《きざはし》して昇るべからざるがごとし」というのは、絶対にかなわないという意味だが、火星と地球との間で信号を通じて語り合おうと言ったり、月の世界に消息を伝える道があるといって、その方法について考えたりという人があれば、たとえ実際には行われなくとも、単にその説を聞くだけで人間に絶対できないものはないという考えを起こさせるには十分であろう。つまり、思想を広くし度胸を大にする手段であって、その思想・度胸は、生きていくうえで様々の出来事に役立つであろう。そこで、ちょっとした漫語を語ろうと思う。

近年、家畜類の飼育法が次第に進歩して、なかでもその体格・性格を改良するのは難しくなくなった。要は、ただ血統を選ぶということだけである。例えば、牛馬の良いものを得たら、それを父とし母として一切他の不良物を近づけない。そして、良き父母が良き子を産めば、その子の中から更に善良な優れものを選んで父母とする。常に飼育法に注意して四世五世を経る間には、その成果は実に驚くべきものがある。それだけでなく、ある馬が四足体格すべて完全だが、ただ首の形に欠点があるという場合、雌《めす》か雄《おす》かの一方を選んで、その二代目あるいは三代目にようやく首の合格したものを完成させる。自由自在に木石を削って細工を施すのと変わりない。西洋諸国において、牛・馬・羊・豚・鶏・犬などを飼育して年々歳々改良し続け、百年前のものと比べると、ほとんど別の種類の観を呈しているのは、ただその血統を重んずることを乱さなかったことによるのだという。

さて、人間の体格・性質も他の動物と比べた場合、もちろん上下尊卑・完全不完全の別こそあれ、代々の遺伝の約束においては少しも相違はない。人畜まさに同じであって、薄弱の父母に薄弱の子があり、強壮の子に強壮の父母があり、病質を遺伝し能力を遺伝し、身体の強弱・精神の知愚すべて父母祖先以来の遺物であるだけでなく、知能の種類もまた遺伝の約束に漏れることがない。文武学芸が常に先人に類似する傾向は、猟犬の子に猟犬が生まれ番犬の子に番犬が生まれて、その毛色まで親に似るのと同じである。

こうした事実が確かに間違っていないとすれば、人間の婚姻法にも家畜改良法に倣って、良父母を選んで良児を生ませる新しい方法があってよい。その概略を言うと、まず第一に強弱知愚の雑婚の道を絶ち、体質が弱く心が愚かな者には結婚を禁ずるか避妊させて子孫の繁殖を防ぐ。同時に他の善良な子孫についても、善の中の善である者を精選して結婚を許し、繁殖を速めたかったら、一人の男性が数人の女性に接するのはもちろんのこと、配偶の都合によっては一人の女性が数人の男性と接してもかまわない。要は、ただ生まれる子の数が多くて、その身も心も美しいことを求めるのである。改良また改良、一世二世と次第に進化した場合は、牛馬・鶏犬は寿命が短くて成果が早く見られるのに対して人類の改良は遅々としているとはいうものの、およそ二、三百年経過するうちには偉大な成果のあること間違いない。人物の製造法は、ただその種《たね》（俗に父を種といい母を腹というのは根拠のない説である。父母共に生まれる子の種であって、もしも卵のある所を求めるならば、それは母体の中である）を選んで培養に心を尽くすだけで望み通りにならぬものはない。

道徳を欲するならば世の人々をすべて釈迦・孔子・キリストにしたらいい。物理学者を所望とあれば幾千万のニュートンを生み、武人が必要だったら至る所に加藤清正・本多平八郎を出現させたらいい。男女の体格を大にするのも小にするのも、美にするのも醜にするのも、色を白くするのも黒くするのも、鼻を高くするのも低くするのも自由自在である。

世の風潮が美男美女を求めるか、在原業平《ありわらのなりひら》・小野小町は普通の男女でかえって珍しくないとするか、あるいは、業平・小町に文弱優柔の欠点があれば宮本武蔵・巴御前《ともえごぜん》の一部分を調合することも容易である。頼朝《よりとも》の頭が大きすぎるとけなされたら頭だけを小さくしたらいい。為朝《ためとも》のひじが長いと言われたら少し縮めて適当な長さにしたらいい。

要するに、こうした人種改良の成果は、今の営業馬車のやせ馬を改めてアラビア馬に変化させたのと同じで、国民一般の知愚・強弱・美醜・大小を前後比較すると、その違いは全く別物の観を呈していて、しかも、その成果に至る期間は、わずか二、三百年だという。まことに簡単な事業で、もしもある国でこの事を実行するならば、国力はたちまち世界中を征服し、また心服させて、地球は一政府のもとに帰してしまうだろう。随分と愉快な話ではあるが、これこそ言うことはできても行うことの不可能な話である。

以上の漫語は、もちろん取り留めがなく聞くに足らないものだが、茶飲み話の一端に笑い話にでも供すれば、聞く人の気持ちを広くして、普段縛られている心の内を一転する効能はあるであろう。昔、元の初代皇帝フビライが中国の中心地を征服したときに、そこに居住する人々は到底ものの役に立たない、繁殖させるのは不利と考え、南方人種に属する者は老若男女を問わず幾千万の人を一時に切り殺して、代わりに北方人を増やすという政策を決めたが、耶律楚材《やりつそざい》の忠告によって取り止めたという。また、以前我が国でも、北海道開拓の初めに、米国人某氏を顧問に招いて様々の経営方法を模索していたころ、馬の改良について議論したときに、某氏は、内地からどんなに良種を移しても、北海道産の悪種と交われば改良の目的は達せられないから、今大事なのは、まず北海道内の馬を見つけ次第殺してしまうことだという案を出したという。以上の二つの案は、どちらも実行されず、また実行されるべき事柄ではないが、実行するしないにかかわらず、発案者の考えの規模はきわめて大きいと言うべきだろう。

事の内容は異なるが、過日米国で発行された新聞を見ると、三名の学友がひそかに申し合わせて、妻が懐妊したときから、妊娠中はもちろんのこと、出産後の養育法に特に注意して、その子供の天性にそれぞれ美術・音楽・数学の特性を作って当初の目的を達したという事実談がある。この学者たちは、考えることが自由で思想の幅が広く、自分自身が古い時代の人間であると考えて大きな事を試み、しかもその事柄は、少しも凡俗社会の人々の感情を害することなく文明進歩のための材料を豊かにしたと言ってよいであろう。

八六　世は澆季《ぎょうき》ならず——文明の世は間違いなく国民を幸福にしている

末世の今日であると言い、道徳が衰え人情の浮薄な時代であると言うのは、数千年の昔から今に至るまで、世の人々が常に口にしてきたところで、昔も今もその言い方は同じである。年々歳々ただ衰えていく一方で、前途の望みが全くないような口振りである。果たしてそうならば、今の世の人類は、もうとっくに無知不徳の極に達していて悪魔外道に成り果て、ほとんど禽獣《きんじゅう》に等しいはずだが、さて実際の様子を見ればそうではなくて、世の中は進歩改良の最中で、知徳共に高尚に向かい、人情も穏やかになり、次第に無知殺伐の苦界を免れているのは間違いのない事実である。

たとえば、現代の野蛮人種は、我々文明人の昔の姿を見せてくれているのであって、その生活の仕方がどうかというと、いわゆる弱肉強食、生きていくうえでの権利も義務もなく、ただ腕力の強い者が弱い者を働かせ、大勢の人の幸福を犠牲にして少数の人の遊び暮らす生活を支えているだけでなく、極端な場合、同じ人間を殺してその肉を食べ、弱肉強食という文字通りの行為を実行する者さえ、ないわけではない。

野蛮な世界から抜け出て、文明が多少開けている国の情況を見てもまた同様である。それらの国の人々は、口では仁義を唱えながら、行動では不仁不義を行い、支配する者とされる者との間に上下の境界線を引き、政権の帰するところは利益の集まるところであって、最高の権力者が国民を奴隷視するのはもちろんのこと、国中の草も木も君主の私有物であって、天の覆う限りの下、地の続く限りの果て、すべてが彼らの玩具になっている。ということで、野蛮な人種というのは最も古い時代のもので、文明が開けつつもまだ古色の濃い国もある。とすれば、世の人々が古きを慕い古きを尊ぶという、その古いという文字をどういう意味に解すべきか。古い風習が美であるとするならば、現代の野蛮は、美の中でも最も美しいものであって、半文明国もまた美であるとの結論にならざるを得ず、なんともでたらめではないか。

また、刑法においても、古い時代は残酷をきわめ、その痕跡は、今もなお野蛮国や半文明国に見られる。ある種族の酋長《しゅうちょう》が女性を絞め殺したり、子供を焼き殺したりというようなことは珍しくない普通のことで、半文明国においても、連帯責任として一族を残らず滅ぼすという法律は、今もまだ存在している。結局それは、その国の君主が横暴だからだと言うかもしれないが、彼らの中の仁徳ある君主と称されている者でも、こうした極刑を廃することのできないのはなぜか。文明未開の国民は、気風が荒くて、一般的な普通の法律では制御できないからである。法律の側だけに非があるのではなくて、国民の性質がだいたい残酷であるために、刑法もおのずから残酷にならざるを得ない事情があるのである。

それに対して、文明開化の進歩と共に刑法が次第に寛大になったのは、文明の世になって人の心が次第に穏やかになり、極刑を必要としないことが実際に証明されるようになったからである。例えば、今の日本の法律が非常に寛大であるのに対して、三百年前織田信長の時代には、一文斬りの法律があった。信長が必ずしも不仁だったわけではなく、今の立法者が必ずしも仁であるわけでもない。ただ三百年前の国民は一般に情愛に乏しく殺伐としていたために、わずか一文の銭を盗んだ者でも、斬罪《ざんざい》という刑に処せざるを得なかったのである。

今日こうした苛酷《かこく》な刑がなくとも、特に世の中に悪事が増したということを聞かないのはなぜだろうか。それは、国民の心がもたらした結果であって、今の日本の刑法は、立法者から一方的に出たものではない。世の人々の心が次第に平穏になって、事柄の利害軽重をよく理解し、悪事に対する思いも次第に苛酷でなくなって、立法者を寛大な法律の方向へ自然に誘導したのである。三百年の間に日本国民の知徳が次第に高尚の方向に進んで、無知殺伐の苦界を脱したということの事実は、戦ったとて手に入れられるものではない。

人間社会の進歩というのは、こうした実情からも分かり切ったことであるのに、昔の文物や制度を尊ぶ論者たちが、とかく古い風習に恋着して前へ進む道を知らないのは不思議なことである。ただ前進を知らないだけでなく、時にはそのことを妨げたりする愚かさは計り知れないものがあるが、もともと彼らの思想は非常に単純で、特に数学統計がどういうものかを知らず、単に和漢の歴史などを通読して、ところどころ自分の心に感じた箇所を記憶し、これは善い、それは悪いと判断を下して、部分的な善悪に目を注ぐばかりで視野が狭く、全体の利害を見る賢明さがないために、知らず知らずのうちに自ら迷いの淵《ふち》に沈むことになる。それだけでなく、和漢の歴史というその歴史を記した人もまた、多くは当時の儒学者で、ただ昔のことを信じただけであった。

孔子の言葉に「述而不作信而好古」（述べて作らず、信じて古《いにしえ》を好む）というのがある。この八字は遠い昔からの教えで、後の世の人々で自分自身が古い時代の人間であると考える者は、学者の世界の罪人であると言ってよい。歴史書に記す内容はすべて昔の人・事・物を敬慕称揚するだけで、漢時代の歴史家は夏・殷・周の三王朝を慕い、晋・唐の学者は漢に倣おうとし、宋朝以下の先生は唐代の盛んな事業に心酔して、事の順位をつけるにも、時勢を論ずるにも、主君をいさめるにも、世を風刺するにも、戒めとなる言葉の善し悪しや道徳にかなった行為の基準は、すべて前の世に存在し、後の世の考えは及ばないものとして全く疑わなかったようである。古書がすでにそうなのだから、今の世の学者がそれを見て、昔を尊ぶ思想を身に付けているのも決して偶然ではない。このことを厳しく評すれば、くされ儒者の目でくされ儒教の書を読むと言っても、ある点においては過言ではないだろう。もちろん数千年の歴史の上に並はずれた英雄豪傑がなかったわけではない。志士や仁徳の人が少なくないとは言っても、少数の人物がいたということで、それを理由に文明の世とは評価できない。

文明進歩の目標は、国民全体を平均して「最大多数の最大幸福」ということにあるだけでなく、その幸福の性質を次第に上方へと高めることにある。長い歴史の前後を比較して、幸福の数が果たして増したのか減ったのか、幸福の性質が上昇したのか下落したのか、それは統計の数字に見るべきであって、私は断じてその増進を明言して、更に未来への望みを抱いている者である。仮にも、この統計全体を見るという思想のない人は、文明について語る資格はない。

八七 正直は田舎漢の特性にあらず——知識は悪を制する

田舎の人は律儀正直であって、子供のようである、真に愛すべき人たちであるとは、世の人たちが常に言っていることで、実際またその通りの様子が見られるのだが、一歩退いて事の裏面を観察すれば、その律儀正直は、ただ田舎に生活する間のことで、煩雑な都会に出れば、予想しなかったいろいろの事情にすり減らされて次第に横着者となり、時には思いがけない計略をめぐらして珍しい悪事を働いたりするのは、かえって田舎者に多いという。田舎者の善は本来の善ではなくて、田舎住まいと名付けられた一種の情勢に制御されて善であるだけである。深く感心するに値しないこの事実は、人間が子供の時だけ無邪気で、年と共に次第に煩悩に悩ませられるのと異ならない。石川五右衛門も、二、三歳の時には間違いなく純真無邪気な子供であったという推察は、誤っていないだろう。

さて、田舎の人がなぜ律儀正直かと尋ねれば、第一に、その地域の生活が簡略質素であって、人の欲望を誘うものが少ない。それに、地域の範囲が非常に狭くて、一言一行のどんな小さな事でも、たちまち住んでいる人たちの知るところとなり、AはBの金を何円借用してまだ返していないと言い、Cはどこそこのあぜ道で財布を拾ったみたいだ、Dは隣の畑の芋を盗んだ、隣村の林を盗伐した、夜にならないうちに酒を飲んだ、今朝団子を食った、あの家の夫婦げんかはこれこれしかじかで寺の和尚がこんな仲裁をしたなど、その報告はまことに速くて詳細である。善を善とし悪を悪とするのは、人間にとって自然な本心である。道に背く人は許しておかず、四方八方が警察のようなものなので、こうした社会にいて悪事をしようものなら、たちまち人に見捨てられて身の置き場を失ってしまう。これがつまり田舎者が割合に正直である理由なのだが、その正直者がいったん都会に出れば周囲みな見ず知らずの他人ばかり、その耳目を逃れるのは容易であるばかりでなく、次第に住み慣れるにしたがって胆力も増して、たとえ世間から後ろ指を指されるようなことがあっても、旅の恥はかき捨てと度胸を決めて、それまでは思ってもみなかったような悪を演じながら、平然として恥じない者が多い。

私は、この事を評して、田舎者が都会の悪風に誘惑されたとは言わずに、むしろ彼らの生来の姿が露見した実態であると言いたい。都会も田舎も共に人の善悪はほとんど同じであり、田舎に住めば善でいることができるというのであれば、人間社会を田舎のように、また小児のようにしてはどうかという説がある。単なる一説であるばかりでなく、昔から道徳家が熱望してきたことで、何かの議論の端には田舎の素朴正直を称賛し、小児の無邪気を説いて大人の手本に持ち出してきたのだったが、残念ながら、文明世界の経営は田舎者に頼むべきではないし、小児に任すべきでもない。道徳論者も、口では論じても実践となると当惑するというものなので、私は更に一歩を進めて、人の心の素朴無邪気などという消極的な道徳論を言わずに、ただひたすら人の知識を推進し、知識が高まることで醜悪な行動を制したいと願うものである。

善を好むのは人間の天性であって、これは疑いのないことである。この事実を知りながら、なお悪事を働くのは、結局が人間が無知であるからで、その表裏の関係を明らかにして人を導くときは、文明の進歩の現実に逆らうことなく、道徳もまたそれに伴って進歩するであろう。

このことを第一の基本として、手近な方法としては、社会の交通の手段に留意し、今あるもので言えば海陸の汽船・汽車、郵便・電信・電話等はもちろん、著書・新聞の発行を自由にして頒布を速やかにし、社会に生じた千差万別の事物を漏らすことなく、人々の家庭や社会におけるちょっとした発言や行動も風俗教化に差し支えない限りは報道して広く人々の耳目に触れさせ、片田舎の村民が村じゅうの出来事を明細に知るのと同じようにすれば、それは、醜悪な行動の場を縮小する方法として必ず有力なものとなろう。現在の不完全な交通・通信の方法でも、すでに多少の効果がないわけではない。後世、これを十倍にし百倍にしたときには、単に交通の一機関だけでも大いに人の造悪心を止めるのに役立つと、私は固く信じている。

八八 古人必ずしも絶倫ならず――時代の進展と共に人物は輩出している

六、七十歳以上の老人で、身体屈強、日常生活に不自由のない人がいると、世間のうわさに、昔の人は特別なのだ、とても今時の人は及ばないと、まるで不思議なことのように褒めそやすのが普通だが、これは決して不思議なことではない。もともとその老人は、天性の遺伝が屈強であって、更に摂生法もよかったために同年齢の仲間を先に見送って後に生き残ったのである。老いて屈強なのではなくて、屈強であるために老境に達することができたのである。今年今月生まれた小児は、国じゅうに幾万もあろう。今後六、七十年過ぎて、その時の老人を調べたならば、不思議なことに屈強な高齢男女を見いだせるのは今よりも確かだと保証できる。

この種類の話は、世に珍しいことではない。昔の力士は強かったが今の相撲は見るに値しない、昔の芝居には名人がたくさんいたが今の役者は下手くそだ、昔の詩歌には秀句が多かったが今の人の句は詩歌とは言えない等々、今と昔と比較して過ぎた昔を慕うのは人情の常なのだが、かつてのその証拠となるものの見られないのは気の毒なことである。

百年前の横綱小野川・谷風は、確かに剛力ではあったろうけれども、近ごろの陣幕梅ヶ谷と比べて果たしてどれほどの違いがあったろうか。確かな証拠を得られないので断定し難い。先代の団十郎・菊五郎は名人に相違ないだろうけれども、今の団菊と並べて巧拙を明らかにすることはできない。それだけではなくて、今日の梨園では、市川団十郎・尾上菊五郎・市川左団次を名優として、そのほかに役者がないようなものなのだが、この三名が老いて去れば、ただちに第二の名優を出すことは容易である。現在もその人はいるのだが、ただ老優のためにさえぎられて光を放つことができないだけである。また、昔の詩歌に秀句が多いというのは、古来長い年月の間幾百千万の詩人歌人が無数無限の句を詠んで巧拙入り混じり、むしろ拙のものが多い中から、粋の粋を抜き、妙の妙を選んで、世の人々の記憶に残ったものを古詩古歌とするのだから、秀作があるはずである。多数の拙は忘れられ少数の巧だけが残るのであって、平均数からみれば古人の作品が必ずしも優れているわけではない。明治時代の作であっても、今から千年後に伝わるものは必ず絶品であって、その時代の人を感服させるであろうと、ひそかに信じている。

そうは言っても、相撲・芝居・詩歌などは、もともと人の心に訴えるもので、それぞれ贔屓《ひいき》や好みもあることだから、昔と今、老いと若きと、どちらが上手か下手かということは水掛け論としてしばらく一歩譲ることとし、ここに、後進の技量が古人をしのいだという事実について、確かな証拠を示したい。

それは、将棋の芸道のことである。我が国の将棋の開祖は大橋宗桂といって、織田信長に仕えて当時抜群の名人だったが、初代宗桂の死後その芸術は次第に進歩して、五代目宗桂は初代に勝り、十代目は五代目より強かった。また、大橋家の支流に大橋宗英という人がいて、将棋社会の鬼神と称せられ、自ら将棋の定跡を作って将棋の道の奥義を示した。二代目宗英（柳雪とも言う）もまた名人で初代に劣らず、これほど次々と上に進んでは、もう将棋の芸の極限かと思ったら、なんと、弘化・嘉永のころになって天野宗歩が出現して将棋道の新紀元とも言うべき時代となった。宗歩は、かつて二代目宗英に学んだ人だが、まさに出藍《しゅつらん》の誉れ、特別に抜きん出ていて、当時の天下に敵なしだったばかりでなく、更に進んで先人が定めた定跡を廃して自ら新しい定跡を作った。その神技的で絶妙な方式は、人の意表に出るものが多くて、かえって初歩の学習には役立たなかったという。

そういうことで、宗英・柳雪・宗歩は、将棋社会の三傑と言われ、中でも宗歩は三傑中の最たる人だった。仮にこの社会の後輩たちに、儒者の仲間が先哲に対するように、仏門にいる人たちが開山上人に対するように、開祖の宗桂を尊崇させて、仮に三百年前の宗桂を呼んで宗歩と戦わせたとしたら、勝利は必ず後輩の宗歩に挙がり、さすがの開祖も顔色を失っただろう。それは、後の世の儒者たちが先哲と議論し、若い僧侶が開山上人と問答して、数千年来の信仰尊崇をくつがえすのと同じような情況であろう。

今、そういうことのないのはなぜか。将棋には、昔の人の戦局を記録して、駒の一進一退の模様から試合の巧拙を見ることができるものがあるので、後輩の棋士たちは、これまでの戦局がどうであったかを評論するだけで、その人物が誰であったかを問題にせず、本家もなく分家もなく、開祖もなく末流もなく、対局の強者を強とし、すべて実戦の跡によって判断するという気風が養成されたからである。そのことによって、あの儒学流や仏門のような古人崇拝の悪習を免れることができたのである。要するに、儒学仏門の流儀は、人を信じて教えがどうあろうと問題にせず、将棋の社会は、技量の巧拙を論じて人は問題にしない。ここに両者の相違を知ることができよう。

将棋の芸は、もちろん小さなことであるが、「小は大きいものを計る器でなければならない」という。世界じゅうのどんな小さな事物でも、この世にとって必要と感じて人々が奨励するようになれば、急速に発展の方向へ進む。私は、宗教にも道徳にも、文にも武にも、また、政治・経済・商工・美術にも、これまですでに幾人もの〝天野宗歩〟のいたことを信じ、今後更に続々と宗歩を輩出して、第一の宗歩は第二の宗歩に及ばず、第三、第四と、その進歩が無限であることを確信している。

八九 古物の真相――現代の作品は古物に勝る

古物・古器・古書画骨董の種類を価値ある物として大事にするのは、非常に良いことである。歳月の経過と共に次第に消滅したり散逸したりして、ただ無くなってしまうばかりだから、それらを受け継いだ我々子孫の義務として永く保存する方法を考え、私的には個人の趣味として楽しみながら懐古愛美の心を養うのも、文明人の仕事である。とがめるべきでないばかりでなく、肉欲とは異なる精神的な高尚なものとして見るべきだが、昔を懐かしみ尊ぶ心に制せられて、ついには現実を忘れ、むやみに昔を美化して後世を軽んずるようになっているのには、私は承服できない。

左甚五郎《ひだりじんごろう》の彫刻は絶妙で後世の人の及ぶところではないというけれども、実際は明治の世にも第二の甚五郎は存在しよう。弘法大師の書や狩野古法眼《こほうげん》（元信《もとのぶ》）の絵画は、確かに美しいことは美しいし、絶妙であることには違いない。しかし、今日、そういう人がいないわけではない。後世の書家・画家が真似しようとしてできないのは、昔の書画が巧妙であるからだと言いたいかもしれないが、決してそうではない。人間の風韻（風雅な趣き）は、時代に従って変遷するのが自然であって、百年の隔たりがあれば百年の差があり、千年が過ぎれば千年の違いがある。晋《しん》の王羲之《おうぎし》と宋《そう》の蘇東坡《そとうば》とはただその書風に差違があるだけで、両者を比較して巧拙を判断すべきではない。

ましてや、今日においては言うまでもない。天下の書家がどんなに勉強しても、王羲之には及ばない。何が及ばないかと言うと、王羲之の技巧ではなくて風韻である。平易に言えば流儀の相違である。仮にこれを逆にして、王羲之に我が国の御家流の書を所望し、東坡に傘ちょうちんの文字を書かせようとしても、その求めに応じてもらえないのは明らかである。大変に下手な字のようであっても、王羲之・東坡が必ずしも下手なのではない。

千年の歳月と流儀の相違はどうしようもない。

また、古代の建築構造は、大変に大きくて巧みであるという説があるが、それも取るに足らない。大坂城は見事であることに相違ないが、今日こうした城の必要を感じて金さえ投じたら、その工事は困難ではない。木曾川の鉄橋をはじめとして諸鉄道のトンネルなどを見れば、大坂城などは入札の日限通りに落成するだろう。奈良の大仏、法隆寺の建物、芝・上野・日光廟《にっこうびょう》など、できるかできないかは、ただ金銭の問題だけである。資金さえあれば、今の技師の手で同じ物を造れるだけでなく、更に大きく更に精巧にすることも可能である。

以上の意見が認められれば、現代の技術は、古人に劣らないばかりか更に一歩を進めて無限の改良を重ね、むしろ昔をしのいではるかにその上に出ることができるというのは、確かな事実である。

千言万語を費やしての説明はしばらく置いて、世の人々は、古器物・彫刻・書画・骨董の偽物を見て何を思うだろうか。だいたい他人の作品を真似するには、その本人によく似ている腕前がなければならない。ましてや、一人で幾人もの昔の人の作品を思いのままに偽造するとなれば、その多才な能力は推して知るべしである。それはかりでなく、さてその作った偽物を見ると、書画にせよ骨董にせよ、いかにも真に迫ってどちらが真か偽か区別が難しく、指折りの鑑定家も毎回誤って赤面する人が多いという。昔の人は、ただ自分が会得した一芸だけだが、今の人は、二、三の芸に熟達していて、その技量は、昔の人よりも優れているという。後世の進歩ということでなくて、ほかに何であろうか。ただその事が不正であるために社会から排斥されているのだが、もしもこの偽造師が一家を成して公然と自分の名を表に出したならば、今の世には、たくさんの弘法大師・狩野古法眼があり、義之もあり東坡もあり、彫刻には左甚五郎、刀剣には五郎入道正宗があり、応挙・山陽などは升で量るほどの人数になろう。ただ凡俗社会では、いまだに昔を尊ぶ夢が覚めず、古人の名前を用いなければ金にならないので、惜しむべき絶妙の腕を持ちながら古人の名前を盗んでいるのである。

偽造の正、不正論は別問題として、私は後世の進歩に感心している。それゆえ、古代を崇拝する人たちが熱心に古物を大事にするのは良しとしても、それを大事にするのは、同郷の高齢者を尊ぶのと同じような気持ちでありたい。老人は次第に物故して世の中に数が少ないということから、尊敬して実は愛惜の情を表しているのである。知徳の程度を問題にしているわけではない。古物もまた同じである。作品の美を賞するのではなくて、その数の少ないのを惜しむのである。仮にもその範囲を出て、昔の文物を尊ぶことに熱中する人は、いわゆる偏狂のそしりを受けても仕方がない。

九〇 偏狂の事――一つの物事に凝り固まるのは良くない

偏狂とは、英語ではモノマニアという。精神面はすべて普通一般の人と変わりなく、事物の大小軽重を知り、利害・栄辱の所在も見分けることができて、道義の範囲内にありながら、一種類について見るべきものを見ず聞くべきことを聞かず、全く常識の外に身を置くという病である。西洋人の説によると、これを七種に分ける。

第一　猜疑《さいぎ》という偏狂

他人の言行を見聞きしたときに、とかく信ずることができない。親友の言葉にも偽りがあるのではないかと疑い、家人が調理した食べ物にも毒が入っているのではないかと疑うなど、常人の到底思い及ばないことにも疑い深いという人である。

第二　迷信幽冥《ゆうめい》という偏狂

吉凶・禍福・人相・家相・方角などの事に頭を悩まし、鬼神に会った幽霊を見たという根拠のない説を信じて疑わない人で、この種類の人々は、苦痛を苦痛としない特性を持っている人が多い。

第三　外見を張るという偏狂

俗に言う見栄坊で、裏面の現実をすでに他人に見透かされてしまっていることでも、体裁を飾って自分ではうまく装ったつもりでいる。

第四　恐怖という偏狂

極端に臆病《おくびょう》で、例えば、夜中にちょっとした物音を聞いたり物影を見たりしただけでも、驚いて恐れるような人である。

第五　高慢大望という偏狂

大した知識も芸能もないのにやたらに大きな話を吐きちらし、無一文の若者が百万円を手に入れる方法があると言ったり、天下を料理して国民や国家の利益を論じて絶叫したりなど、独りで得意になっている人である。

第六　盗心狂

不自由のない身でありながら、人が持っている物を見れば、金であれ品物であれ盗みたいという気持ちを禁ずることのできない人である。

第七　飲酒狂

常に酒を飲むのが癖となり、酒毒の害を知りながら、どうしても飲酒を禁ずることのできない人である。

以上七種の偏狂は、西洋人が挙げた項目で、もともと我が国にも珍しくないことだが、私の見るところでは、もっとこうした種類に属するものがあるように思う。

しきりに手を洗う潔癖家、四の字を嫌う御幣担ぎなどは、紛れもない偏狂である。更に一歩進めれば、欲張り婆が一生懸命に欲張って、見栄も外聞も気にせずに一文の銭のために人をののしったり怒鳴ったりというのは、偏狂の小に属するものであって、大に属するものになると、大家の老翁が巨万の富を持っても満足せず、日常一般の事柄には知恵も分別も相応に働きながら金銭にかかわることとなると目に物が見えなくなってしまい、義理人情を忘れ、恥を知る心も失い、慈悲もなくして、ただむさぼる一方である。しかも、そのむさぼり得た金をどう使うのかと問われても答える言葉がなくて、ひたすら金が好物というようなのは、守銭の偏狂である。

政治家が功成り名遂げても身を引くことを忘れたり、あるいは、優れた先達に付き従って、かろうじて政治家の末端にとどまり、何事もすべて思いのままにならぬのにもかかわらず恋々としてその地位にしがみついていたりというのもある。その内情を見れば、必ずしも利益のためではなくて、政治にかかわることを無上の栄誉と思い、政治を崇拝する態度は、守銭奴の銭に対するのとよく似ている。

また、一介の書生や田舎の紳士が、何の目的もなく考えもなくて、ただ政治と聞いては騒ぎ回り、ついに身を滅ぼし家の財産を失っても、まだ自分の愚かさに気付かないというのは、政熱の偏狂と言うべきだろう。

そのほか、風流人が書画骨董に心を奪われ囲碁・将棋・音楽などに夢中になり、学者が読書・思索のために不養生をして病気になり、宗教家が自分の宗教を信じて他宗をそしるなど、こうした種類の変わった行いを数えれば枚挙にいとまがない。すべて偏狂と名付けても差し支えないだろう。

結局、偏狂とは、行いが一方に片寄って、一般的な常識からはみ出てしまう病気である。医師の診察を必要とするほどのものではないが、精神の働きの均衡が保たれていなくて、家庭生活や世渡りの仕方が、たとえ狂までには至らないにしても、ひとつの物事に凝り固まるというのは決して良いことではない。時には、あるいは全く、様々の思いから解放されて、気持ちを穏やかにする修業も大切であろう。

九一 人事難しと覚悟すべし——苦しまなければ道は開けない

社会における人間の仕事は、すべて交易の考え方によるもので、苦しみと楽しみ、労苦と安逸、相互に因縁のあるのが約束である。

毎朝早起きして寒暑風雨をいとわずに労働するのは大変苦しいけれども、その苦痛の代償として、朝の食事は特にうまいと感ずる。深夜まで酒杯を重ねるのは愉快なのは愉快だけれども、翌朝の二日酔いは言葉に表せないほどの苦痛である。少年時代の苦学はまことに苦しいものだが、大人になってから無学であることの不自由不体裁は、苦学の苦しみよりも苦しい。血気盛んな壮年時代に、様々の欲望を抑え、小心翼々として内外の事を経営するには人には語れないほどの苦痛が多いが、そのお陰で老年になって何の妨げもなく天下晴れての快楽な暮らしは、かつての苦しみを償ってなお余りあると言えよう。

人生の行路は辛いこと苦しいことがたくさんあって、その辛苦を切り抜けるのは大変に難しいことなのだが、世間の人は、ともすればその難しさの意味に気が付かず、すべてを安易に考えて容易に浮世を渡ろうとする人が多いようである。学生は学問をたやすいと思い、事務員は事務をたやすいと思い、もともと免れることのできない苦痛を味わおうとせずに、これを軽蔑するために怠け心が起きないようにと思っても起きてしまうのである。それが、学問が成就しない理由であり、事務の成果が挙がらない理由である。

仕事のうえで困難が多いのは文明世界の取り決めで、一つとして易しいものはない。誰にでもできると思われる簡単な仕事でも、念を入れて励めば決して簡単ではない。昔、木下藤吉郎が信長の廏《うまや》別当に召し抱えられて主人を満足させるほど働いた時は、別当の仕事を容易ではない大事な仕事として勤めたことであろう。別当以上の仕事に就いた場合のことは言うまでもない。書記や会計といった小さな仕事から局長・総裁といった大きな仕事に至るまで、仕事として難しくないものはない。もしも、こうした仕事を容易であると言う人があれば、それは仕事が容易なのではなくて、当事者が怠慢で仕事をなおざりにし、苦しむべきものを苦しまないために容易と感ずるのである。

実際に今、公的あるいは私的な事務所にしても、また個人の家にしても、いろいろな施設が不行き届きであるということは、必ずしも事に当たる人の能力がないわけではなくて、才知はたくさんあっても仕事を軽く見て注意を怠ったために失敗する者が多いのだということに注意したい。

こうしたことから考えると、鋭敏な秀才よりもむしろ根気強い勉強家のほうが頼もしいと言いたい。それだけでなく、仕事を怠けて身が暇になると様々な欲が出てきて、仕事ができないばかりか弊害も大きい。「閑居して不善をなす」のは小人物に限らない。激務を担当していると称する者が、しばしば酒を飲んで徹夜し、はなはだしいのは遊女と戯れたりと事務員にあるまじき行動をして、そうしたことに平気なのは、「忙中に清閑あり」ではなくて、本務をなおざりにして肉欲にふけっているのである。結局、人生行路の艱難を知らずに事を安易に見ての罪な結果である。社会の仕組みが交易の考え方に反していなければ、こうした人々の行く末は予想できて哀れむべきものがある。

九二 銭のほかに名誉あり――真の名誉を知るのは学ぶことによる

人が欲しいと思うものは、この世の宝である。無病長寿はもともと宝であって、富貴安楽もまた宝である。浮世の人々が常に養生して病を避け、日夜勉強して財貨を増やそうとするのも無理ならぬことで当然なのだが、人生の本当の心というものは、非常に高尚なもので、単に安楽長寿ということでは満足できない。もっと進んで更に大きい欲するものがある。一身の名誉がそれである。

金がすべてで金のほかには何も要らないと称する人でも、独り自分自身を省み、生きていくうえでの得失を考えて、世の人々の自分に対する交際のうえでの親密度を見るとき、何か物足らぬようで残念な気がしているのは、はたからも推察できるのだが、それは事実と違っていないようである。つまり名誉心が不満足なのであって、その心を慰めるためには、様々の工夫をめぐらし、小さな事にも注意して体面を整え、恥辱的な事からは遠ざかり、そうした努力の結果、世の人々から尊敬されるようになりたいと望んでいるのである。

金満家が衣食を美しくし、邸宅を壮大にし、時には一時に千金を投げ打ってぜいたくを尽くすのも、自身の快楽には違いないが、見方を変えれば、ほかの人には到底できない散財ができるというのは結局大金持ちの威力であり、自然に世間の注目を浴びるので、ぜいたくをするのも名誉のためと言って間違いない。まして政治についての技量も思想もない者が、辛苦奔走して選挙を争ったり、更に金の力でひそかに爵位を得ようとしたりというのは、名誉のためでなくて何であろう。名誉のために身を焦がす者と言わざるを得ない。

私は、この名誉心をとがめるのではない。金一辺倒の人が利益を無視して名誉を得ようとするのは高尚な心の働きであって、その心の位置する場所は金よりも上にあるのだから美でないわけはない。ただ私の願うのは、更に一歩を進めて、世の人々が全く金を離れ、金のない所に心の安らぎの場を定めて、自ら名誉の偉大さを知ってほしいということである。

その安らぎの場というのは、人生に必要な知識・徳義・才能・品行等の事柄で、これらを入手するために束縛されない独立の意気で向かうならば、その意気が処世の交際法となり、家庭の快楽となり、威力や武力も恐れず、富貴もうらやまず、心はこの世の最高の位置に安んじて、身は熱い俗界のちりと交わり、人の愚は侮ることなく教え導こうとし、人の悪はとがめることなく哀れんで、求めず、急がず、自ら悠々としていれば、古歌の「色をも香をも知る人ぞ知る」の道理で、知らず知らずのうちに世間の尊敬を広く得ることは間違いない。つまり求めざる名誉である。

今の世に知徳・品行の完全な人はいない。筆を執って今これを書いている私自身にしても、赤面するようなことが多いのだが、大知・大徳の話はしばらく置くとして、とにかく人間は、禽獣《きんじゅう》と異なり肉欲よりも高尚なものを欲し、財宝以外に求めるものがある。そういう心がわき起こったら全身を集中させて書物を読もう。読書が不得手ならば、優れた学識者の高説を聴こう。あるいは宗教家の説法も素晴らしいものだし、本や新聞の論説を人に読ませて聴くのもよい。そうしたことを聴聞して十分納得したときは、俗世間の名誉の軽さを悟ることができよう。それを悟ることが、更に大名誉に到達したということなのだが、ただ本人自身は、そのことに気付いていない。それを名付けて「自ら知らざるの名誉」という。

現代のいわゆる大富豪の中には、きわめて貧しい境遇から身を起こした人もあろう。富裕は、本人独りだけでなく、国のためにも祝うべきことなのだが、家が繁盛すると共にその人の気品もそれに伴って上昇したかどうかすこぶる疑わしい。もしかして財産だけが今日の富豪であって、その人品や考えることが依然として肩に天びん棒を担いだ貧困時代のままであったなら、たとえ現在の衣食を美しくし、交際を盛んにし、またその身に何とか会議員などの栄誉を担おうとも、それは身分の卑しい召使いに大金を持たせ美しい衣装を着せて世間に突き出し、公的な会に列席させたのと異ならない。その金を奪い身に付けたものを除いてしまったときは、たちまち元の正体を現して、残るものはただ無学・下劣・粗野な身体があるだけである。なんと殺風景なことではないか。

およそ世の中の事物は、釣り合いが取れていてはじめて美しく、人の称賛をも得るのである。錦の衣に縄の帯が不釣り合いであるとすれば、財産は大富豪で、主人の気品は卑しい身分の召使いだというのも、これまた大変な不釣り合いである。これを天下の美として見るのは到底許し難い。私は、彼らが金以外に大きな名誉のあることを悟ってほしいと、ひたすら願うだけである。

九三　政府は国民の公心を代表するものなり
――政府の威厳は社会の安寧に必要

　人は生きていくうえで、公的な心と私的な心の両方を働かせている。例えば、古い言葉に「おのれの欲せざるところ、人に施すなかれ」というのがあるが、これは不正不義の行われるのを好まないという意味で、万人すべて誰もこのことを好む人はいない。これが公的な心なのだが、ただ自身の利害に妨げられて、良くないこととは知りながら場合によっては正義を破ることもある。つまり私的な心の働く場合である。その極端な場合を言えば、平気で人の物を盗む盗賊も、自分の物を盗まれるというのは好まない。他人を欺きながらも、自分が欺かれるのは非常に不愉快だと言う。内には造悪の思いを禁ずることができなくて、外には広く悪事の行われないことを願う。人間世界は、こうした公私両方の心の戦場であって、一般大衆の私心が高尚へ進んで公心と合致するようにならない限りは、公心の力で私心を抑制する方法はないであろう。もっと詳しく言えば、社会全体の人の心に一点の私欲もなく、釈迦・孔子・キリストの集団のようになって、いわゆる黄金世界を見るまでは、人間が作った法律で人間の言行を抑制しなくてはならない。それが政府というものの必要な理由であって、政府は単に良民のために災いを防ぐだけでなく、造悪者にとっても必要を感ずるものである。

立国や政府の起源は国によって違い、その統治方法もまた一様ではないが、結局は、政府というのは国民の公心を代表するもので、公心を代表すれば国民の目から見ておのずから尊敬の気持ちになるのは当然である。君主独裁の国においては君主一人を無上の尊者と仰ぎ、立憲君主国では君主のほかに憲法という尊いものがあり、共和政体の国では全く君主はなくて憲法だけを重んずるなど様々に趣は異なるが、いずれにしてもその尊いとする理由は、民の公心を代表し社会全体の私心を制して安寧を得させるからである。

ある人の説に言う。

「各国の統治方法の異同にかかわらず、政府は単に国民に代わって公心が望むことを実行するものであるならば、公心の集合体としては非常に素晴らしいものだが、その公心はもともと国民の心の一部分なのだから、国民が特にそれに向かって敬意を表する必要はないだろう……」

なるほどと思われる説で学者の喜ぶような考えだが、今の文明の程度において国民の知愚を平均すれば、品格すこぶる低く、物事の真理を見抜ける者は絶無と言ってもいい。凡俗の群集に道理を説くのは、優れた形を示すしかない。それゆえ政府の威厳と称して、あるいは君主の尊さを示したり、あるいは法律の重さを装ったり、とにかく外面の体裁を整えることも、平均大多数の凡俗の国民に方向を教えるための方便であって、その外面が一見丁重であれば、自然に政府を信頼して、知らず知らずのうちに服従の気持ちをわき起こすであろう。つまり政府や法律に帰服させるための道筋であって、国の平安のために大切なことである。

このことは例えば、祖先の霊を祭るのに石碑の石を選び位牌を金にしたり、大金の証文にぜいたくな紙を使い文字を丁寧に書いたりするようなものである。その外面の装いを見て、自然に尊重の念を催すであろう。政府が単に国民の公心を代表するものならば、そのことを表すのに君主の重さや憲法の重さで装い、とにかく表面を飾って神聖侵すべからずという習慣を作らなければ、凡俗社会の安寧は維持できない。

祖先の霊は天に在るかどこに在るか分からない、石碑・位牌はあってもなくても祖先を敬う心の軽重とは関係ない、金の貸借は事実が肝心で証書の大きさ美しさは金の多寡とは無縁である、などという道理はもっともであるけれども、事を丁重にするにはそれなりの方法がある。すべてそうしたことは、凡俗世界に必要であることを知らなければならない。

(九四) 政論——理想の文明社会は急には実現しない

一国の政府は、国民の公心の代表者である。

ところで、これを君主一人で代表することがある。半ば野蛮な独裁国がそれである。あるいは君主をいただきながら憲法を定めている国もあり、ヨーロッパに多い立憲の国々がそれである。また全く君主がいなくて憲法だけに依存しているのは、アメリカ合衆国をはじめとしてヨーロッパにおけるフランス・スイス等の共和制の国である。近年の欧米政界の風潮は、独裁から立憲に移ったり、立憲から共和に代わったりすることはあるが、これを逆にして共和から独裁にもどった事例はなく、その議論も聞かない。結局、政治家のある一派では、政府は国民公心の代表者つまり公心の集合体であるという考えを基本とし、その文字通りの意義に従って人民に主権を授けることこそ至当であるとして、国家の組織形態の帰するところを共和と定めたようである。

もっと極端なのになると、時代の流行論に流されて実際の利害を考えず、いたずらに共和説を唱えて得意になり、国として君主をいただくのは流行遅れで外見が悪いなどという浅薄な考えを主張する者もないわけではない。たとえば立憲君主の基礎が堅く、円滑に政治が行われているイギリスでさえ、今の女王亡き後は……と、陰で話したりする者があるという。結局は時代の流れの結果なのだが、それはまた知識階級の人たちの不注意でもあると言わざるを得ない。その理由について内々に私の考えを述べれば、今の文明国が君主をいただいているのは、国民の知愚を平均すると、その平均値がまだ高くなく、政治上の安定度が低くて、公心の集合しているのを無形の状態では見ることができないからである。ある政治家たちがひたすら共和説を唱えるのは、自分自身が多数の愚民と雑居して常にその愚を共にしているという事実を忘れているからだと、私は断言してはばからない。

このことを宗教の話にたとえて言えば、仏教徒の崇拝する如来というものは、もともとその物があるのではない。人生に存在するであろうすべての善心・美徳を想像して、その最高の境遇を描き、それに如来の名前を付けたまでのことである。その名称もまた一つに限らず、徳を表すには徳の名があり、知を表すには知の名があり、明といい光といい、不可思議といい十方無礙《むげ》（すべて障りなく自由自在なこと）といい、あるいは無辺広大といった様々の文字があるが、要するに至善至美・至明至大の徳を表し、仏として仰ぐものである。その趣旨は、俗界において国民の公心を代表するものを政府と名付け、その功徳つまり政府の仕事を仰ぐ心情と同じである。

それゆえ理屈通りに言えば、仏徳は美であり大であると言えるが、これを無形のものとして知ることだけにとどめてもよい。必ずしも拝むには及ばない。一国の政府の仕事が公明正大であるといっても、ただ便利なものとして頼りにするだけでよい。必ずしも敬意を表するほどのものではない。だが、残念ながら無知無学の凡俗世界を導くのには、深遠な道理は必要とせず、これを形にして示すという、ただ一つの方法があるだけである。

真宗の本尊を拝むのには、木像よりも画像がよく、画像よりもよいのが名号《みようごう》（菩薩《ぼさつ》の尊号）だという説がある。金箔《きんぱく》を張った木像を安置して仏徳を表すというようなことは、単に俗人の目を引き付ける方便であって仏教の本意ではないのだから、やむを得なかったら一歩進めて画像にするのが淡泊な方法である。だが画像も形として存在して面白くないので、むしろ南無阿弥陀仏の六字だけにすればより美であるという意味だそうである。

しかし、真実を言えば、この六字の名号も無用である。念仏もなく寺もなく、仏壇もなく僧侶もなく経文もなく、一切虚無の世界に仏徳は存在する。それが私の最高に感服するところであって、その辺りに心を安んずるのが安心の高度なものと思うのだが、これは独り私だけが思うことである。

これを人に語って本当に納得してもらえる人は、僧侶の中にすら少ししかいない。ましてや勢いあふれる凡俗な群集に納得できるわけがない。如来は、金箔によって光り、画像に描かれて尊く、名号に身を包んで現れ、人々は、それらを目で見て拝み、耳に聞いて喜び、とにかく耳目に直接触れるものを尊敬する。その敬意に誘われて、知らず知らずのうちに仏徳信心の一念を発起するのである。それが仏教本来の意義とはかかわりなく、幾千年来今日に至るまで、木像・画像・名号等のつまらぬ物を必要としてきた理由であって、結局は人々の生き方の品位が上昇していない証拠と見なければならない。

政界の事情もまた同様である。かの独裁の君主が、天の覆う限り地の続く果てまで君臨して、車馬宮殿の表面を飾り衣冠文物の美を輝かすのは、木像に金箔を張ったのと同じである。一歩進めて、立憲君主の整然としたイギリスの政治はもう少し淡泊であって、君主を画像にしたようなものである。更に進んでアメリカ合衆国となると、木像や画像といった実際の仏体はなくて、単に憲法という二字の名号を掲げて崇拝している。

さて、その利害がどうであるかを論ずれば、すべて国民の知愚に関係することであって、独裁必ずしも悪くはない。国民がかたくなで愚かであれば、統率者の意思で支配するのは父母が子に対するようにうまくいくであろう。しかし、歴史を平均して見れば、統率者もまたかたくなで愚かな人が多いので、この方法はまず危険であることを知らなければならない。

これから述べるのは、立憲君主と共和との二種類についてである。その得失がどうであるかは学者の最も関心のあるところで、前に書いた共和説の流行もそのためなのだが、私の意見を言えば、実際の政治において両者に大きな差はなく、国の風俗習慣や歴史の由来などに配慮すれば、むしろ立憲君主にこそ利益のあることを信じたい。

もともと人間社会の達すべき真の目標は、人の私心と公心との帰するところを一つにして、自分の望まないことを人に押しつけることをせず、一点の私情も差し挟まずに利害を公平にし、自ら働いて自ら衣食し、社会全体の苦楽・喜憂を平均し、老幼病者で自ら働けない人は安心して他人の助力を受け、売買に利をむさぼらず、貸借は必ず信用するだけで貸借の取決めさえ無用のことで、社会の風景は親愛があふれるばかり、あたかも一家族の睦《むつ》まじい情況のようになるということであろう。良家と言われる家には、今日すでにその一端が見られる場合があり、それを広く全社会に及ぼして世界一家の美を創るだけのことで、それほど実現不可能な望みではない。

こうした環境に達するときは、社会は真の自治であって、国民相互の約束はあっても、その約束は違約した場合罰するのではなくて、単に失念を防ぐための手段である。社会に犯罪が発生しなければ法律もまた用いる場がなく、特に政府を設けて人を煩わすには及ばない。政府もなく官吏もなく、また憲法もなく、ひたすら公平無私の国民の心に依存して、災いなく害なく、悠然として全社会が一つの大家庭、人々の暮らしは兄弟姉妹であるべきはずなのだが、有史以来まだ年が若く文明は幼稚で人類が無知である。全社会一家のことはさて置くとしても、現代の人々は、単に私的な事で争っている。その争いは、まさに人間のなすべき本来の仕事でもあるかのようで、争わずに自立してはならないといった状態である。

一つの国という団体が他の団体と争い、果ては凶器を使って殺し合うようなことは毎度のことであって、その話はしばらく置くとして、一つの国の内でも、名を争い利を争い、富貴と功名は常にけんかの種で、少しでも透き間があれば相手を選ばず付け入ってしまう。これを名付けて「人間の生存競争」と言う。極端なのになると、偽る者あり欺く者あり盗む者あり、もっとひどいのになると、自分と同類の人間を殺す者さえある。禽獣にも劣る有様だが、さすがに人間は万物の霊長であって、一方では品のない私的な欲望を思う存分にしながら、他の一方ではそうしたことを嫌って悪事の行われるのを好まない心があるのは幸いである。

そうした心の動く方向にしたがって、庶民集約地点を定めて政府というものを設けたことは、そのことを知る人こそいないが、人心への適切な対応の仕方と言わなければならない。しかし、浮世の現実は、政府創立の起源を尋ねると多くは腕力を行使して創ったもので、創立者の心の内がどうあろうと、国民の目から見ると強奪の姿に見える。政府は表面を装うために様々な手段を使い、あるときは君主の立派な徳を利用し、あるときは天の恵み天の助けなどの言葉を使って、とにかく一国に君臨する者は一種の神霊であるとして政府自身の尊厳を維持する。と同時に、国民もまた漠然としていて、政府は国民の公心を代表するものという理想の考え方に乏しく、外形だけを見て心酔するのが普通なので、君主は尊く侵し難い方であると言われればそう思って服従し、その政治を重んずる心を生ずるであろう。つまり君主政治の尊い理由を知らないままに尊ぶというのは、仏教信者が仏教の真理を知らないままに仏の外形を拝み如来の尊像を重んずる心を、そのまま政府に移して、自然に政府の方法に従っているということなのだろう。

また今日、立憲君主という政治の形態は、君主のほかに憲法という重いものがあるとは言うものの、国民が君主を最も尊敬すべきものとして重んずる心情はごく自然のもので、今更それについてあれこれ言うべきことではない。イギリスの政令は、すべて女王の名で行うことではじめて体裁が整い、公爵・侯爵・伯爵等の爵位は、女王が授けることで受爵者の身に重みが付く。冷たい言い方をすれば、爵位なんぞは飼い犬の首輪と同じようなもので、人間の首に金の輪を付けられたのでは赤面するだけなのだが、俗世界ではこの事に赤面しないどころか、これを得るためにあちこちに奔走して高揚し、顔を赤くする者が多い。笑わないでほしい、ヨーロッパ諸国の無数の愚民がローマに参詣して法王の足をなめ、また我が国の田舎の年寄りが本願寺法主の御剃刀《おかみすり》をあがめ、法主が入浴した風呂の湯を飲むなどというのは、すべて迷信がさせたとはいうものの、これもあの俗世界の爵位・辞令書を手にして感激の涙を流し、この上ない光栄とするのと何の違いもない。

これは要するに、今日のいわゆる文明の世界は、真の世界も俗の世界もまだ有形崇拝の時代であるということである。大人のいない小児の群集であり、子供の戯れごとがいっぱいで、戯れごとが去ってはまた次のが来るといった状態で、ようやく政治の力に依存してけがをせずに社会を維持している有様なのだから、決して多くを求めてはならない。仮にも治安がうまく行われているならば、その中身はどうあろうとも、とにかくそれを保存して群衆の信頼をつなぎ、戯れの過度になるのを制することこそ、知者がなすべき事である。君主の必要性もそこにあることを知らなければならない。

そういうことだから、君主制よりも一歩進めた共和政治は民心を代表するものであるといいうけれども、私欲たくましい人民たちが公心の一部分を使って約束事を作り、それに「憲法」という霊名を付けたまでのことで、これをあがめ尊ぶ人の心情は、君主国の人民が君主を仰ぐのと同じである。イギリスの政治は女王の名で威厳を示し、アメリカの政治は憲法の神聖に依存して重みを持たせている。前者は画像を尊び、後者は名号を拝むという相違にすぎない。公私両方の心が互いに衝突して自分では抑えることのできない国民を、帰すべきところに落ち着かせるためには、人物であっても約束の文書であっても、引き付けるために一種の不可思議な霊光を利用して民心をつなぐほかに手段はない。凡俗の人を巧みに操るのには注目すべき方法である。

今試みに、真宗の僧侶になぜ名号が尊いのかと尋ねれば、名号《みょうごう》六字（南無阿弥陀仏）の中にはもともと仏徳が含まれているからと答え、共和政治国の人に憲法が神聖である理由を問えば、国民の公心を代表するからと答えるだろう。とすれば、一人の名前で国民の公心を代表するイギリスのような国であっても、憲法の名前で代表するアメリカのような国であっても、その代表の事実は同じであって、仏徳を表すための外形に、画像と名号とどちらが適切かは言いようがないのと同じである。つまり立憲君主制も共和制も、一時の方便で出現した政治の流儀であって、現代はまさに文明進歩の途中なのだから、両者の利害について容易に断言すべきではない。国民の心を安んずるために大切なのは何かということを考えずに軽率に決断しては、大事なものを失うおそれがある。仏教始まって以来、まれにその真理を知る人がないこともなかったが、今に至るまで、画像はさておき木像すら廃することができなかった。その理由は何か。たとえ木像・画像を廃して名号だけにしたからといって、その名号もやはり有形であって真理であるわけではない。一方では真を得ないままに、他の一方で俗人の目には適当である木像・画像を廃したのでは、凡俗の信仰心を失ってしまう。知者の事ではないのだから、木像・画像・名号を存続させて、そのいずれを拝むかは、信者の心の安らぐかどうかに任せるほかない。

そんなわけで、共和制の流儀が淡泊なようでもあるが、今日の共和制の憲法であれば、立憲君主制の憲法と比べてそれほどの差はない。文明の大活眼で見れば、共和制といっても愚民の愚に囲まれて政治の方法に苦しみ、やむを得ず出てきた窮余の策だから、中心となったのは、国民の知愚の程度を探り歴史や習慣がどうだったかを思いやって適当なものを選ぶということだった。百千年の後に大成を期待するしかない。文明の進歩は広くて永い。たとえ君主制だとて、永い年月の間に一人を受け入れる余地ぐらいはあろう。ましてやその人が、一国の公心の代表者として国民の心をつなぐ資質のある場合は、その余地は当然あるはずである。仮にも眼識を備えている人であったら喜んで受け入れて、世俗の人たちの宗教的な崇拝の心をなおざりにしないようにして、ますます信頼を厚くさせるのが、世を治める本来の姿であろう。

時流に乗っている共和論者が、イギリスの立憲君主制でさえまだ不満としてやたらに変革を望むのは、文明の進歩は遅々としたものであるという約束を知らず、今日の政治は立憲君主制も共和制も愚民を制するための一時的な窮余の策であることを知らず、自分自身が愚民と雑居して自分もまた愚民中の人であることを知らず、今日の中に生きて今日を知らず、千年後を思ってそれがすぐに実現することを期待しているのである。たとえて言うならば、一足飛びに富士山の頂上に登ろうとして、まずふもとの石につまずく人である。私は、この種類の論者に対しては、ただその短気性急を哀れむしかない。

九五　自得自省——指導者は常に高き心を持て

十分に満ち足りた文明は、百千万年の後に期待すべきもので、今日見ることはできない。今日の人間の仕事はその進歩の過程の一つの節目であって、絶対的美などあり得ない。今の世に生きる者は、ひたすら力の限り努力して知徳を高め、曲がりなりにも平和を維持してはるか未来に文明の大成を望むべきで、仮にも文明の進歩の妨げをしてはならない。

特に私が社会の指導者に対して望むことは、その人たちが凡俗の人と雑居して俗事を共にしながら、心は一段高い所に構えて俗界を離れ、浮世の戯《ざ》れ事《ごと》を戯れながらも時には目覚めて、戯れていることを悟らなければならないということである。

封建時代の武士が鯨飲のあげく前後もわきまえぬほどに酩酊《めいてい》しても、家に帰るときに二本差しを忘れたという話は聞いたことがない。いわゆる上戸の本性として、酒席がどんなに楽しくとも武士の魂である大小の刀は、楽しさのために記憶から押し出されることはなかったのである。

とすれば今日の先頭を行く指導者たちが、あるいは経済の道を志して事業に奔走し、あるいは政治に熱中して立身出世を計り、巨万の富を積んで商業界の喜憂を一手に握り、身分不相応な爵位を得て勲章の輝く服装は人の目を奪って得意満面、その愉快な気分をたとえれば、酒に飢えた人が酒を浴びるほど飲んで陶然と酔っている気持ちと異ならない。前後のことも忘れて得々としているのももっともなことだとは思うが、酩酊の本心を反省してみれば、経済も政治もすべて浮世の戯れであって、その名誉と利益の成功は、単に子供の戯れが佳境に入ったに過ぎないことに気付くであろう。ひとたびはっきりとその辺を悟ったならば、富貴必ずしも富貴ではなく、貧賤もまた貧賤ではなくて、人生にはほかに楽しむもののあることも自然に分かるであろう。

大事なのは、この狭い世界を広くするための心の持ち方であって、世界が広ければ身を処するにも容易であるし、物事も受け入れ易い。それゆえ、徳の高い立派な人と交わる一方、器量のない人とも親しむのがよい。雅俗・清濁一切を包み込んで、人の言葉を聞き、そして忘れ、すべて善いことを聞いたと思って心を安らげよう。他人の一言一行を気にし自分に対する一毀《いっき》一誉に苦しみ疲れて、見慣れぬ旅人の通行を許さぬ門前のやせ犬を桃を抱えて奪われるのを恐れる動物園の猿と比べれば、思想のゆるやかなのと厳しいのと同じレベルでは語れないことに気付く。文明の世を進歩させるかさせないかは、本性を忘れるか忘れないかの違いにあるだけである。

社会全体の品位を高くして知徳の程度を進めるには、どうしても目標は必要である。学者や徳行の高い人物こそ目標となるべきであって、内心の奥深く常に本性を保持し、何かの機会の折には凡俗の人たちの指導者となることを、私は願っている。

九六　史論——論拠を明確にして是非を論じよう

道理にかなうか、かなわないかという議論が世の中では盛んだが、何のために是であって何のために非であるのか、その「何のために」という根本を明らかにしなければ、膨大な数の是非論も聞く価値はない。

忠孝は是であり、不忠不孝は非である。一国の臣民が誠心誠意主君に忠であれば、主君の心を安んずると共に社会の平和も維持できる。一家の子供や孫が協調して親や祖父母に孝であれば、年長者を喜ばせるとともに家内安全の幸せも続行できる。是と非との分かれる所はまことにはっきりしていて、三歳の子供でも容易に理解できるのだが、さて百千年来の歴史のうえで、世の情況がどうであったかを見てみると、人類の文化は幼稚であり、知徳の不完全さはとても言葉では言い表せないほどである。実に驚き入った状態で、不忠不孝は家臣や子供だけではない。不忠不孝の家臣・子供が、不徳のままで君主・親になった者が少なくない。家臣・子供としてこうした君主・親に対してどうすべきか。実に処遇に困るのだが、身分・年齢の上下や義理人情を重んじて、ひたすら君主・親の平穏を心掛け、一国のため一家のためには、たとえ目上の人の意に背くことになっても治安の無事を考慮しなければならない。

その場合、家臣・子供の言行はどうあるべきか。君主や親の身に関する直接の忠孝だけを言わずに、意見の範囲を広くして、一国一家の安全危険の程度がどうであるかを中心とした是非得失の論拠を定める必要があろう。現実に、識見も知恵もなく品行の良くない老主人が現れて家の物事を処理できなければ、親類が相談のうえ、引退させて子に譲るか、子がなければ相応の養子に家名を継がせるという事例も少なくない。家を重んずるためである。国もまた同じである。国を重く見、主君を軽く見るという道理は昔の人も同様であって、結局は社会の安寧を重んずるという意味なのだが、実際の方法については一つに限るべきではない。時には戦に訴えて政権のやり取りが行われることにもなったりする。我が国の王朝時代の事はしばらく置くとして、鎌倉以来徳川に至るまでの歴史を見ても、実際にその情況を知ることができる。新旧交代するのも要は治安の問題で、その時代の政権を握っている人がきちんと政治を行って天下太平であれば、その平和な時代の権力者を評して名君と言うのである。なぜならば、国政の目的は国民の安寧にあるからである。

それにもかかわらず、古くから歴史家がこの事実の大切さを誤り、執政者を重視して社会の治安を第二に追いやり、何はともあれ、あの家名はどうこうと熱心に議論して家柄を争うだけでなく、その家柄の正不正も歳月と共に忘れ去ってしまっているのはこっけいである。足利尊氏が将軍だったときは不届き者だったが、百年二百年たつ間に、尊氏の子孫に背く者は第二の不届き者と言われて歴史家に罪悪を書きたてられた。織田信長が権力を得た手段を好ましくないと言いながら、豊臣秀吉《とよとみひでよし》が信雄《のぶかつ》（信長の次男）をあなどって自分の意志を思う存分にしたのは悪者であるとし、その悪者の子を殺して天下を統一した徳川家康はそれ以上の大悪者だという。実に際限もないことで、私の目で見れば、この種類の史論は治乱の歴史ではなくて、むしろ系図のけんかであり、しかもそのけんかは忘れやすいけんかであると評するしかない。

特にゆきづまったのは、頼山陽の『北条論《ほうじようろん》』である。北条七代は割合に賢明な君主が多くて、その治安は足利の比ではない。当時の民心が北条に帰服して永くその遺徳を忘れなかったという事実は、足利時代の末に伊勢新九郎が関東で家を興したときに、わざと北条を名乗って人気を得ようとした一事でも知ることができよう。殊に北条泰時《やすとき》のような知勇兼備の時代に傑出した人物には、並び賞すべき人がいない。泰時が天下を治めて治安を維持した功績は後世にも認められていることなのに、頼氏は快く思わず、北条は「しとねの上に源氏の国を奪った者である」と憎むこと甚だしく、国のために尽くした泰時の功績は一族の罪を償うには不足であると悪口を書きたてたようである。何とも窮屈な考え方である。また、北条時宗が元寇《げんこう》を防いだ事件は後世の人々も忘れることがなく、我が大日本国のために英雄時宗が下した大英断に感謝して今日なお称賛し続けている。それについても頼氏は、わずかにたった一言、時宗の行ったことが「祖先の罪を償う価値はあった」と、不本意ながらも褒めたにすぎない。書き方がいかにもケチではないか。もしも万一、この事件が鎌倉将軍何々公の英断によるものであったら、氏は立派な文章で史上に特筆し、あらん限りの賛辞を連ねたであろうに、時宗は将軍ではなくて、しかも「しとねの上に国を奪った者」の子孫であったために、日本国のために大功績があっても思い切り褒めることができなかった。だからといって功績は功績であって、黙って見過ごすわけにもいかず、この段を書くにあたっては山陽先生も大いに窮したであろうと、私は推察している。

結局は、歴史家に独立自由の思想がなく、天下国家の治安と人の身分・家柄とをごちゃ混ぜにして、名義と実際の軽重を誤り、是非得失論の標準を名義の一方だけに片寄らせたために、こうした苦しい立場に陥ることになったのである。学者は、よくよく注意しなければならないところである。

九七 シャチホコ立ちは芸にあらず
――「正直」の心を見せびらかしてはならない

若者たちが、酔ったからといって遠慮しなければならない人もいない宴席で、それぞれ得意の芸を演じて座を盛り上げると同時に、互いに自慢しようとして、義太夫を語る人あり、謡曲を歌う人あり、あるいは舞い、あるいは吟じ、時には琴や三味線を奏して、その人の普段と全く違う姿に大かっさいを博したりする。これを「隠し芸」と言う。

そんなときに、一人の若者が芸のないのにゆきづまり、突然座敷の中央に出てきて、杯・皿・鉢などが席上に散乱している中に身を逆さまにし、手を畳に突いて両足を天井に向けた。満座の人たちはびっくりして褒める人は誰もないどころか声をそろえて笑い、シャチホコ立ちは芸ではないとののしられて、若者はどうしようもなく参ってしまったというおもしろい話がある。座敷でのシャチホコ立ちは無風流であるばかりでなく、若者たちにとって珍しくない平凡な遊びだったからである。

さて、この話を引用して人間社会一般の事について論じようと思う。人間として、偽らず、欺かず、むさぼらず、盗まず、言行に信頼がおけて心に恥ずるところのないことを、「正直の徳」と言う。大いに称賛すべきことではあるが、誰かを褒めるということは、他の不正直な人と比べて、彼よりも良いというにすぎない。単に正直であるだけでは、万物の霊長である人間が、文明世界においてなすべき事柄をなし終えたことにはならない。文学・技芸・商売・工業・政治・宗教等に至るまで、無限の人間の活動に視線を延ばして思想の幅を広くするのが、これこそ隠し芸などとは違う学者の本務と言うべきである。わずかに一片の誠心誠意を頼みにしてこの世を生きようとするのは、シャチホコ立ちの一芸で若者世界のかっさいを得ようとするのと異ならない。思索しないということの極端な場合である。耳目鼻口を備えているものを人面といい、正直で偽らないものを人心という。特に珍重するほどのものではない。仮にも自ら君子に値すると思っている人は、「徳孤ならず必ず隣あり」（徳のある人は孤立することはなく、必ず慕う仲間が出てくる）で交際する人もまた必ず君子であって、その言行に緩急剛柔の違いこそあれ、大事に臨んで廉恥の重大さを知らない人はない。もしも厚顔無恥の人がいたとしても、間違っているのはその人であって、我が方には関係ない。我は文明世界の一人であって、それを推進して継続するのに忙しい。廉恥・正直のような一瞬一瞬の思いを気にせず、常に一身の行動を支配していながらその事に気付かないのは、顔に耳目鼻口を持っていながらその役割を知らないようなもので、そうあってはじめて独立独行の君子と言えるのである。

広い世間を見れば、道徳の身に付いた教養人は少なくない。大変に美ではあるが、その教養人が道徳を大切にし過ぎて、果ては殊更人に示して自負心を抱いている様子は、珍しい器でも秘蔵しているかのように独り満足顔をしているのに至っては、私の感服できないところである。音もなくひっそりと存在すべき誠心誠意が、ややもすれば当人の言葉となって発せられ、自分はウソは嫌いである、馬鹿正直な自分としてこればかりは死んでもできない、他人はどうあろうと自分は反対である、自分の性格として金を借りれば必ず返し、物をもらえば返礼をしないことがない、というようなことを言う。いわゆる「直」を売り物にして、ひどいのになると、自分は主君に忠義である、親に孝行であるということを、それとなく何かの折にチラホラと言葉や行動に表して、暗に世間に披露しようとしているような、その内心を詮索《せんさく》して酷評すれば、陰で主君や父母をうまく操って自分の名声のために利用していると言っても間違いない。最も卑しむべき行為である。

かといって忠孝正直は、単に外見だけでも人間社会の美の事柄であり、また世の中には偽君子だけでなく真実の君子も多いことだから、その実際の中身を追究せずに、真偽を一括して美であると認めるのも悪くはない。その辺は大目に見過ごしても差し支えないが、我慢できないのは、この種類の道徳家に限って、ややもすれば愛情の執念が極端だということである。自分の意にかなう人は、人物の痴愚を問わず、事の利害を顧みず、親子兄弟のように親愛するのに対して、ひとたび憎むときは仇敵《きゅうてき》となって元にもどることができない。若者が憂うつ症になったり、けんか早かったりというのは必ず律儀者に多く、神経過敏で激しやすくて近付きがたい年長者というのは、時々道徳家の先生の中に見られるようである。本人の心に思う事がどういう状態の場合であろうと、与える影響は社会にとって害悪であって、間接的にも直接的にも、あらゆる方面への災いの源である。結局は文明の程度がまだ高くなく、世間の人から見て広くもなくて、かろうじて不道徳の境遇から脱しているのに、それを無上の美の事柄だと感じ、ひたすらその事にあくせくとして、文明の部門が複雑で多岐にわたっていることを知らず、ついには偽君子を生ずるまでに至ったのである。

私の持論は、もちろん道徳にかなった行いをなおざりにすることではない。徳行を重んじて実行しようという思いは誰にも負けないつもりだが、道徳もまた文明中の一つの事項として、他の部門と同じように発達させたいと願っている。そうした視点で見るときは、正直という一つの事だけを人生最高の安心立命（心を安らかに身を天命に任せ、どんな場合にも動じないこと）の目的として、そのことに努め、そのことを勧めて、そのためだけに喜怒哀楽しているのは、知徳の品位がまだ低いからだと、ひそかに哀れむだけである。

九八 大人の人見知り――愛憎の感情で交際するのは円満を損ねる

激しい風潮の世の中に人の心が同じでないのは顔と同じで、善悪などという簡単な区別ではなく、雅俗、清濁、剛柔、緩急、人それぞれに天性があって、他人の事はさておき、自分もまた一種の天性のある人間であれば、千差万別異種異様の人の言行を自分の意のままにしようとするのは、もともと無理な望みであって、そうした考えは、他人の顔を自分に似た顔にせよと命ずるのと同じである。

立派な知識人が世に対処する方法は、まず自身の私的な生活を慎んで、心にも行いにもやましいところがなく、発言を高尚にし、行動を活発にし、有形にも無形にも独立の根本を堅実にして、意見の発想を自由自在にすることである。人と交わるには、努めて相手の自由を妨げることなく言いたい放題したい放題に任せ、まれにこちらの名誉や利得を害そうという事実がはっきりしているときは、そうした人を近付けずに改心する時をゆっくりと待つことが大事である。特に相手を憎んで報復する必要はない。

そのほかは一切平等、善人であり、人格者であり、罪のない人であるとして、大河や海がどんな小さな水流も受け入れるように、度量を広くして親しく人々を受け入れるべきである。相手が善人でなく人格者でなくて罪を犯す人であったら、それは無知であることがそうさせるのであって、哀れんだり、恥をかかせたりせずに、自身の言行の清潔高尚である姿を示して、知らず知らずの間に彼自身の力で更生するのを待つべきである。

こう考えると、立派な人格者が身を修めるのは、単に自身のためばかりでなく、人々の標準となって世の中に役立っているとも言える。私が常に言っている「心を伯夷にして行いを柳下恵にする」というのは、そうした意味である。〔五三参照〕

だが不幸なことに、社会の先駆者とも言うべき年取った先生たちが、自分自身の考える事が美であることを信じて、他人もまた美となることを望むばかりか、全体の気風までも自分の性格と全く同じにしようとして、意のままにならない不平を訴えるということがある。もともと望むべきでない望みであって、思い通りにならないのは分かり切ったことなのだが、何といっても物事を受け入れる度量がなく、人の一言一行を気に掛けて忘れることのできないことが、窮屈を招くのである。

窮屈を自身が苦しむのであれば許せることだが、その窮屈が愛憎の発生源で、何か偶然の機会に自分の心にかなう人がいれば、その人を愛し信じて、極端になるとその人の飼い犬に手をかまれても何とも思わず、反対にその人を憎んだ場合は、その後どんな事情の変化があっても、あたかも離縁した夫婦のように近付けることをしない。結局、愛憎の離合は事の利害得失よりもむしろ感情によるものだから、その影響は、当事者だけの不幸にとどまらず、社会全般の禍根となることが少なくない。たとえ立派な人格者の心に伯夷のような潔白があっても、潔白と共に柳下恵のような大きな度量がなければ、今日の不完全な文明世界には対処できない。

小児の人見知りというのは、飢えて泣きながらも他人の乳には吸い付かず、見慣れない人に会うと、嫌うような、疑うような、恐れるような、憎むような様子で逃げ隠れするが、利害ではなくて本能的な感情がそうさせるのである。小児の事だから仕方がないが、これが大人であったら似つかわしくないではないか。社会の先達である知識人が、時に本能的な愛憎の感情から抜け出せずに、人との交際に濃い薄いの区別を極端にして範囲を狭くし、ついには世の俗事の円満を損ねる結果を招くようになる。これを評して、「大人の人見知りから生ずる災いである」と言っても、奇抜な言い方ではないであろう。

九九 人生名誉の権利——権利は自分も他人も同じ

自由は不自由の内にあるという。人生には自主自由の権利がある。上は王侯・貴人・富豪・大家から、下は身分の卑しい貧乏な男女に至るまで、知愚・強弱・幸不幸の別はあっても、名誉・生命・私有の権利は全く同じで、巨万の富を持つ人の財産も、乞食の袋にある一文の銭も、どちらも同じその人に属する私有物であって、誰も私有の権利を侵してはならない。

生命も同じ、名誉も同じである。人の命に貴賤の区別がないのはもちろんであり、理由のない事で人に恥を与えてはならない。人々が自分で名誉・生命・私有の権利を守ることこそが、その人に属する自由である。人生での自由と言えば、勝手気ままに自分の思い通りの行動をして差し支えないように聞こえるけれども、自分の自由を思う存分振るうと同時に他人の自由を重んずるのでなければ、平等の自由は実現しない。他人の自由を重んずるというのは、自分勝手なわがままを慎むという意味で、それぞれ多少の不自由を忍んでこそ、はじめて社会全体の自由が得られることを知らなければならない。

今その事を日常の実際を例にして説こうと思う。

謙遜した態度や言葉は美徳であって交際の仕方が丁寧なのは良いが、やたらに人前で平身低頭して恐れ入るような態度は、権利の範囲からそれて自分を大切にすることを忘れているだけでなく、この種類の人に限って、目上と思われる人に対しては丁重で、目下に向かっては横柄に構え、理由もなく人を叱りちらして無礼をとがめるなど、見苦しい行動をする人が多い。

昔、封建門閥の時代には、大名をはじめとする上級下級の侍から百姓町人に至るまで、身分の区分けが何百あったか数知れず、それぞれ等級の内にいて一つの等級の境界もお互い越えることがなかった。上に対して平身低頭、自ら奴隷のようにする代わりに、下を意のままにするのもまた奴隷のようにして、一方に収縮する割合で他の一方に膨張し、目上の者に恥を与えられて目下の者に恥を与えるという醜態は、俗に言う「江戸の敵を長崎で討つ」もので、当時の洋学者たちがこの風習を憤り、一意専心門閥の制度を破壊しようとしたのも、彼らの人生に特有の名誉の意義に害があることを知っていたからであった。謙遜した態度や言葉も、分が過ぎれば自由の思想でなくなることを知らなければならない。

維新以降は四民同権平等の世の中となり、わずかに華族・役人たちの内輪で等級論が行われていることもあるが、これだとて封建門閥時代の面影を残しているにすぎない。春宵の夢は覚めて跡なく、暁はもうすぐである。世の動きがどう向かうかは明白だが、その変遷の間に更に新たな悪風習が生ずるのもまたやむを得ないことであろう。四民平等の権利に軽重なしと言うけれども、大切なのは、自ら自分の権利を重んずると共に他人の権利をも重んずることである。

つまり、自重重他《じちようちようた》という意味であるのに、人民が権利を得たというので顔の表情まで変えて大いに威張り、前後左右を顧みずに独り得意になり、世間のとがめがないというので、優れているのは天下に自分一人だけと唯我独尊を公然と気取る者がないでもない。仮にも独立して他人に頼る必要がなければ独尊も許していいのだろうが、その独尊クンがややもすれば交際のうえで人を軽蔑《けいべつ》したり人に無礼をしたりして、それが自分の名誉であると思い込んでいるのは、とんでもない事と言わなければならない。人が世間で尊いと思われる理由は、道徳上の義務・品行にあり、才能学識・知能にあり、地位・職業にあり、その人の履歴・功労にありその家の貧富にあり、その年齢の老少にあるなど、種々様々の事情によって自然に名声を博するものなのに、単に市民同権の一語を聞いただけで自分を高くし、人に対して無礼を働くような極端な行動に及ぶというのは、生半可な文明人の愚の極みと言うしかない。

乱暴書生の礼儀を知らないのは珍しくないことなので、しばらく置くとして、書生よりもっとひどいのは、例えば、旧時代の百姓町人たちがそのまま今の時代の人となって、文明の新知識について何一つ得たものがなく、読書して考えるという才能に乏しいのはもちろん、多少とも高尚な理論などは聞いても理解できず、無我無心、全く節操のない人間として存在している。それにもかかわらず金を数えるのが上手で、ついに巨万の財産を得るという思いがけない幸せに遭遇し、昔であれば卑しい町人・百姓の境遇に甘んずべきところを、今は違って幸運によって得た財産と共に出世し、たちまち上流社会に頭角を現して交際の場での得々とした様子は、封建時代の平民が名字帯刀の特典を得たのと同じで、徳行高い知識人の先生や役人などに対してなれなれしくしているうちに、懇親が変じて無礼となって、人の目に余る無作法を働く者もないわけではない。

また役人たちも卑しい男どもで、いわゆる御威光をかさに着て、空威張りと空威張りが互いに衝突する場合もあるようだが、仮にも自分の仕事を名誉と思っているならば、非は先方にあるとして自分の地位を重んずるべきなのに、そうでないのは、新参者の無知軽率と言わざるを得ない。我々学者たちの間で人権平等論を論ずるようになって久しい。官尊民卑もまたこの論旨に反するものであるから、この悪習を改めようというのが積年の願望であったが、何の場合でも弊害を改めるのに一番大切なのは、自分自身がまず慎むことである。自ら慎み自ら重んじて自然に他人の傲慢《ごうまん》を制止すべきなのに、そのことを簡単に忘れて、人に嫌われ人に卑しめられるようでは、ますます悪い風習を大きくするようなものである。

結局は、彼らの知徳と財産との均衡が保たれず、自身の力に余るほどの財産を偶然手にするという幸せに自分でも驚き、それで他人をも驚かそうとして、ついに常軌を逸した愚かさを演ずるに至ったのである。謙遜して自らを卑下するのも、傲慢な態度で他人を軽蔑するのも、どちらも生きていくうえでの名誉の権利がどういうものであるかを知らないということであって、まだ文明の真価を共に語るには不足である。

私の願うのは、この種類の人々が、考えを一転して学問に志し、日進月歩の思想を自由にして、人を人とも思わぬ高慢さと同時に、細やかな心遣いで他人の権利を重んじ、自由は不自由の内にあるということの意味を理解して、自ら物事の正しい道理を明らかにする日が来ることを、ひたすら待つだけである。

一〇〇 人事に絶対の美なし――美の存在する文明社会を目指そう

今の世の人類は、まだ歴史が浅く、文明の分野は初歩から少しずつ前進している途中なので、その過程の中に絶対的な美はもちろん見ることはできない。これをたとえれば、腕の未熟な大工が、先祖以来何代にもわたって、完成したときの建物を想像しながら長い年月それぞれ技量の全力を尽くして働き続けたにもかかわらず、今日なお土台すらできていない、といったようなことである。言うまでもなく、その大工たちの技量は代を重ねるごとに次第に上達するというのが当然であるのに、過去の歴史を見れば、前後の巧拙の差は顕著だったようだが、残念ながら彼らに伝達していく力がなくて、進歩したり退歩したり、当てにできないことを当てにしたり、行ってはならないのに行ったり、辛苦煩悶《はんもん》して苦労や費用を無駄にするという愚を演ずることがどれほど多かったことか。

仮にこうしたことに文明という名称を付けたとしても、実際は小児の戯れと異ならない。とすれば、小児の戯れがあふれている世の中にいて、自分もまた小児である者が、何を標準にして是非得失を判断すべきだろうか。是と言おうと思えばすべてが是と言えるし、非と言おうと思えばすべてが非と言える。人間すべて得失なしと言うこともできる。

たとえば、道徳の議論にしても、舜《しゅん》は堯《ぎょう》の二人の娘を妃《きさき》とし、その後の孔子の時代にも諸侯は同時に何人もの女性を妻にして、一夫一妻は非礼であるとした。そうした多妻主義は、古くからイスラム教国でも公然と行われていたが、今の西洋諸国はこれを禁じて多妻を許していない。どちらが是か非か確かには定め難いが、世界の人類のおおよその数を数え、その知能の深浅を計って上下二流に分け、その上流の大部分において是と見られるものを是とし、非と見られるものを非とするしか決める方法はない。今は、いわゆる文明国で行われている一夫一妻の方式が道徳の本義となって、昔の道徳論は、変わったと言うべきだろう。

また、小さな事柄だが、明治の初年、我が日本国において火葬を禁ずるという論が激しかった。父母の遺体を直接土に埋めるべきではない。ましてや焼くなんていうのはとんでもない。火葬は野蛮人のやり方で天理人道に反すると、漢学派などがしきりに主張して一時は禁止されたが、その後何かと不都合だというので今は元にもどった。全国中に父母を火葬にして天理人道を蔑視する人が、一日幾百幾千人いるか数えきれない。

忠君愛国主義も、世界の交通の発達と共に範囲が広がり、昔は君主の馬前で討ち死に、あるいは君主の死後に殉死することが最高の忠義とされたが、今や外国との交際が頻繁になって、平和な時には商売を争い、戦乱の時には兵力を競い、平和な時にも戦乱の時にも国の軽重は資力がどうであるかにかかっているので、国を愛すると思うならば、それぞれ家業に精出してまず一家が独立することであり、つつましい独立した家々が集まって一国の富の財源となるのが経済の方式であることを忘れてはならない。私的な家庭の営みが公に報いる道であって、忠君愛国の考え方が昔と違ったのである。だからといって、人間が暮らしを立てていくうえで一番大切なのは財産を作ることだとして、心に思う事が生涯金のことだけというのは、金のために意力が麻痺《まひ》したのであって、立国のためには最も避けるべきことである。忠義を志せば経済的に困窮し、経済を思えば忠義を忘れると言っても間違っていない。

古人の言葉に「富を為《す》れば仁ならず、仁を為《す》れば富まず」というのがある。富と仁とどちらが是か非か。富を軽んじて金の貴さを忘れ、安閑として気ままに暮らして大言放語して世間を渡り、ついに他人の厄介になって自分も苦しみ父母妻子をも辱めるのは体裁が悪いし、高利貸しが義理人情を知らずに巨万の財産を積み、七十八十の高齢になって座右の金箱をにらみながら往生するのもまた体裁の悪いことである。

仏教の戒律を守っている清僧が無情無欲で木石のように品行正しく、多くの人々を仏門に導くのは大変に美であるが、もしも人々が真面目に教えを押しいただいて文字通り善男善女に変化したならば、国は僧侶《そうりょ》と尼の集団となって、家畜・漁猟は不用となり、衣服・飲食物から風流遊楽のことに至るまで関心を持つ人がいなくなって、人間はただ生まれて死を待つだけとなるであろう。そうなれば大変に寂しいことだが、幸いに道理に暗く愚かな人間は簡単には仏門に入らず、信ずるようでもあり疑うようでもあり、自身の煩悩を嘆きつつ円満の境地に至ることができなくて途中でさまようということこそ幸いである。と言うのは、清僧が全力を注いで戒律を守ることの大切さを説いても、到底その僧のようになれる人は少なくて、社会が殺伐と枯れ果てた状態になる気遣いのないことを知っているからである。

その昔、青雲の志に燃えて政界に入り、辛いこと苦しいことの毎日で、面白くもない人と交際し、思ってもみないことを言い、外面と内心と喜怒哀楽の事を表裏にして交際の調子を整えているという人に、その本心は何なのかと尋ねると、立身出世して故郷に錦を飾りたい一事だという。いかにも俗っぽいことだが、風流の才人や立派な見識の人格者が俗世間を逃避すると称して、一時代のすべてを飲み込んだかのように万物を眼下に見下ろし、天は我に徳を与えた、人が与える爵位・官位など自分には必要ないと、独り自ら高尚に構えて世間の事柄を度外視するようなのも、感服すべきことではない。天から与えられるにしても人から与えられるにしても、その栄誉の軽重を気に掛けているというのは、心中が淡泊ではない証拠である。学問とは無縁の俗界では、爵位・官位は大いに必要であって、天性の仁徳もまた大変に素晴らしい。ただその時の事情によって接し方が違ってくるということである。

経済の立場は勤勉であり、道徳の教えは倹約と正直であって、人間が家庭を維持し世間で暮らしを立てていくのには、その一つも欠いてはならないと言えば、天下の富豪たちはそのことを遵守し、更にそれに加えて法律の保護を受け、毎年毎年私産を増やして世界中の財産は幾年もたたずに少数の人の手に帰してしまうだろう。政治家が圧制を嫌って権力を均衡化しようとしたその均衡は、内容を変えて貧富の不均衡となり、貧乏人が圧制に苦しむ直接の苦痛は、政権の不均衡よりも極端なものとなろう。

欧米諸国はすでにその糸口を開いているのだが、今日まだ激しい程度にまで至っていないのは幸いである。その理由は、富豪たちの徳が低く、怠惰・ぜいたくをほしいままにするだけでなく、時には不正を働き、時には余計な危険を冒し、様々な間違いから大失敗を招いて、意外なところに貧富の均衡化に役立つものがあるからである。

こうした点から見れば、社会の安寧は、人の注意によって維持されるのではなくて、むしろ不注意や間違いの賜物であると言ってもよいであろう。官尊民卑は避けるべきものではあろうが、人民が勝手気ままに権勢を奮ったのでは国は治まらない。男女同権は大変に美ではあるけれども、一方に片寄っては男尊も女尊もどちらも変なものになって、東洋でも西洋でもそれぞれ苦情を訴える人が多い。

個人的な問題から離れて、天下国家の話に入るが、是非得失を判断することは容易ではない。四海兄弟《けいてい》（天下の人は、すべて親疎の分け隔てがなく兄弟のようなものである）・一視同仁（すべての人を平等に見て仁愛を施すこと）はただ口で言うだけで、実際はこれに反した生存競争の国に仕立て、頼みにするのは弾薬のみと、海陸の軍備に全力を注ぎ、各国が互いに後れることを恐れるというのが今日の実情である。やむを得ないことではあるが、軍備の進展はどの辺まで達したら止むのだろうか。このまま年々歳々ただ進む一方ならば、ついには人間世界の衣食住全部をけんか闘争の資料に提供し、代々の子孫はけんかのために生まれ、けんかのために働き、けんかのために死ぬこととなり、人の知愚、器械の優劣は違っても、人間が殺し合うという事実は、昔の蛮族のような珍しい眺めを示すに至るだろう。軍備の拡大は文明進歩のために決して歩んではならない道で、世界の諸強国の形勢も冷静な目で見れば、一笑に付す程度のものにすぎない。

こうした事項を数えれば枚挙にいとまがない。つまり有史以来の小児の戯れであって、様々遊び戯れて際限がなく、ともすれば実際の利害で衝突して苦痛を覚え、その苦しみの余り時には道徳の考えを改め、経済の得失を変え、栄誉と恥辱の根本を逆転し、喜憂の感情を違えて、家庭の維持・処世の方法から社会の経営・国の軍備に至るまで、その時その時に適する美を美とするだけで、真実であり永久である計画を定めることができなかった。百年の利害とか千年の得失とかということは、古くから人の耳に聞き慣れた議論だが、人間の歴史に照らしてその跡を見れば、利害得失はそれほどの年月を待たずに容易に逆転するものが多かったというのがやむを得ない実情であった。

隠居が粋を凝らした茶室を普請して、もうこれで申し分がないと満足したその茶室も、二、三年のうちに次第に興趣を失って、何かと不都合だと更に新築を企てるのが世の中の常である。人間万事すべてがこの茶室の普請のようなもので、絶対の美は、到底今の人の知徳に望めるものではないのだから、三十年後、五十年後を期待して、それまでの間は、これは利益になる、これは得策であると思うものを選んで実行するしかない。あるいは、この短い年月の間にも見積もりが食い違って損することもあろう。それもまた職人の技量不足の当然の結果として深くとがめるべきではない。今日の文明人が行っている事というのは、はるか未来に黄金時代を期待して、実はその方向さえ知る者は少ないのだが、無知無力な人間がわけもなくさまよって一日一日を過ごしているのだということを知らなければならない。

今の世に絶対の美はない。学者や眼識者と称する人たちの責任はどうなのかと探究すれば、心に何のわだかまりもなく静かに俗界の様子を観察して、及ばないところを助け、過ぎるところを制し、俗世界の勢いが勝手気ままに走るのをとどめるということだけである。

世間の風潮が文弱に流れるおそれがあれば尚武を説き、武骨に過ぎれば文を語り、極端に利益を争うのを見れば仁義を言い、仁義の空論ばかりで衣食を忘れる者が多ければ銭の大切さを話すべきである。官尊民卑の議論、持って生まれた、あるいは人から与えられた栄誉や恥辱、男女同権の是非等、いずれが本来の美か。学者もまた俗界の一人であって、それをはっきりと断言することはできない。大事なのは社会の高所に心身を安定させ、不完全ながらも信ずるところのものを実践して標準として提供し、熱狂する人の心を冷却して人間社界の均衡を保つことである。一時をうまく取り繕って一時の小康を利用し、上手にその思想を永遠にして前途の進歩を待つのみである。

これまで述べてきたように、この世界で人間がなし得る事柄の中に絶対的な美はないのだが、ただそれは、今日の人類の文化においてのことである。千万年後の絶対美は、私は確かにあり得ると期待するところであって、そこに至る道筋の順序は、まず機械的に物の道理を知ることであり、物の道理を究めて後、一歩一歩天工（自然のはたらき）の領分に侵入し、その秘密をあきらかにし、その真理原則を研究し、そしてついに研究し尽くした時こそ、残すところなく宇宙を我が手中の物とするであろう。つまり天人合体の日で、この情況に達したときは、人間世界に無形の事柄はなくて、事があれば必ずその事の起こる原因が、あるいは原因でなければ心に感ずるものが形を現し、両者は影が形に接しているように密接につながっていて、ついには、人の心の正邪清濁、喜怒哀楽の感情にまで五官が到達するようになるであろう。

すでに今日においても、眼光を見て人物を評定したり、また、いわゆる人相学では四肢の長短を測り、頭の凹凸を調べて、その人の特性を判断するといったようなことがある。まことに根拠のないでたらめなのだが、時として実際に当たることもあるから、これを抹殺すべきではない。ここから一歩進めて医学の分野に入れば、注目に値するものも少なくない。たとえば細菌学などは、古人が単に生理が平常でない病気として漠然と見過ごしていた無形の事柄を、細菌という有形物を発見して病気との関係を明らかにし、更にその針路を先へ進もうとしている。また精神病学においても、精神のあらゆる病症を診察して、その事実に対応する主要な場所を突き止めようと、できる限りの手段を尽くし、今日までの研究では、その有形物の位置する場所は脳膜の辺にある細胞のようだとして、百のうち二、三の実績はすでに医学の手中にあるというから、今後もただひたすら進むだけである。医学の方針は無形から次第に有形に入り、幾十年幾百年の後には単に病気と称するものはなくなって、すべての病気を化学・視学・聴学・器械学の中に包み込んで、病気があれば直接にその病名を示し、病気の治療は有形物の整理にすぎなくなって、微妙な精神病なども物理学の範囲内に収まるようになるであろう。

医学にしてそうなのだから、人間万事についてそうならざるを得ない。人の心がそれぞれ違うのは顔と同じであって、善悪邪正・剛柔緩急を識別するのは難しいというが、人心が本当に人身の本質に関係していて、心も身も単独では活動せず、両者は、確かに形と影とが互いに映るようなものだとすれば、物理学の進歩は次第に人身の内部に入り、次第次第にその微妙なところを詮索《せんさく》して運動機能の変化が明らかになろう。そうなると、心身関係の真価を知ることができて、器械的に人心を見る方法もないわけはない。現在の幼稚で不完全な医学においてさえ、すでに精神と実質との関係を明らかにしようと努力している人がいる。病人についてそれを明らかにする道があるならば、健康な人についても当然そうした道のあることは論ずるまでもない。

こうした意見を人類の文化未開の今の世に述べればこそ奇異であるが、学者に深遠な思想があるならば、はるか未来の姿を描いてほしい。人間世界の有形無形一切万般を物理学中に包み込んで、光明があまねく照らし、何もかもが一目瞭然《いちもくりょうぜん》、まるで今の世の暗黒を白昼に変えたようであること疑いない。それゆえに、今日の物理学が不完全であっても、その研究は人間の絶対的な美に進むための順路なのだから、学者の一日の勉強、一個の発明についても私は絶対賛成で、余計なことは一切考えていない。

解説

平山　洋

本書『福翁百話』の成り立ちは、序言（一三頁）にある通りである。その序言は明治二十九（一八九六）年二月十五日付時事新報の紙面に掲げられ、本文は三月一日から翌明治三十年七月四日まで掲載された。そして連載終了半月後の七月二十日に単行本として刊行されている。

百話それぞれに題名は付けられているものの、主題による編分けはなされていない。服部禮次郎氏は、慶應義塾大学出版会版の解説において、各話の主題を、宇宙観・宗教観・人生観の三部門に分類している。全百話を部門で区切るなら、宇宙（天）の精妙さについての話題が一〇まで、続いて人間の内的な規範である道徳と宗教に関する話題が一九まで、その後は人生（人事）全般について、すなわち夫婦関係・子弟教育・実業の心得・健康管理・公民思想等の話題が、相互に緩やかな繋《つな》がりを保ちつつ配列されている。とはいえ一読して整合的に理解するのが難いのは、これら三部門間相互の連関についてである。一見理解し難い、科学の進歩によって明らかとなってきた宇宙の仕組みと、福沢の宗教観や人生観との関係については、すでに小泉仰氏による優れた先行研究がある（『福翁百話』における実学思想と宗教哲学」慶大出版会刊『福澤諭吉の宗教観』所収)。それによれば、福沢は遠い将来西洋の科学理論(これを福沢は物理学と呼ぶ)によって有形の自然・社会、無形の人間精神すべてを含めた天すなわち世界と宇宙全体を知り尽くすことができると確信し、それを「天人並立の有様」と称した(同書二五七頁)。そしてその時には、自然界と人間界を問わず、自然・社会・世界だけでなく、さらに感覚・感情・情念・知性・意志を含む人間精神の真理原則を、物理学によって把捉《はそく》できることになる。したがって自然界と人間社会との区別はなくなり、人間は物理学的真理原則によって統一的に人間社会を含めた宇宙全体を理解することができるわけである(同書二六二頁)。

この状態はあくまで遠い未来に実現するとされるものの、福沢は仮にこの天人並立の状態に身を置く。そこで説かれるのが、いわゆる人間ウジ虫論(七・一〇)である。そこでの、全宇宙から見れば人間の一生など取るに足らないウジ虫のそれと変わらない、との主張は、あるいは敗北主義にも見えてしまうかもしれない。だが、その論の真意は実は正反対のところにある。すなわち、ウジ虫もまた全宇宙の真理の一部を担っているがゆえに、それ自体かけがえのない生を生きている、ということである。この話は前後矛盾するようだが、と述べたうえで、福沢は次のように続ける。「もともと人間の心は広大で限りがなく、理屈の外にこそ悠然としていることができるのである」(本書四七~四八頁)と。

この宇宙観に基づいて、福沢は続く九〇話を書き進める。曰《いわ》く、人間の道徳性の根拠は、美を愛する心に由来し、その心に従うことで、美しい人生を送ることができる（一一から一四）。各人を取り巻く環境は穢《けが》れているので、時には淫惑《いんわく》に迷うこともあるかもしれないが、そうした誘惑から離れて人間としての義務に思い至るべきだ（一五から一九）。美しく生きるための基本は、夫婦が仲むつまじい家庭をつくることにある（二〇から二五）。子供が生まれたなら、男女長幼に関わらず彼らを平等に愛して、まずは身体の健全な発育に心を配り、子育てに際し親の価値観を押しつけてはならない（二六から三一）。教育についてはとくに実学を身につけさせるべきで、それは個人の独立のために必要なものだ（三二から四一）。慈善は人の独立をさまたげてはならない（四二から四八）。経済の独立を図れ。実業のための心得には、正直・節倹・忍耐など諸々の要点がある（四九から六一）。国家は常に前進する必要があり、その主要な推力となるのは富豪たちである（六二から六八）。そうした人々を創る教育の功徳は子孫まで引き継がれる（六九から七九）。学問を修めるための器としての健康な身体を、医者と相談しつつ作りあげよ（八〇から八五）。政治の実践の場ではどうしても旧慣に囚《とら》われがちだが、古代は理想世界ではなかったことを思い出そう（八六から九一）。政府とは国民の公心を代表するものであるから、国民はどしどし意見を表明して政府を良い方向に導くべきだ（九二から一〇〇）、等々。福沢諭吉によるこうした処世訓話は、今なおいささかも古びていない。いやむしろ、公刊一世紀を経て、ますます輝きを放っているといえるだろう。

福翁百話《ふくおうひやくわ》

現代語訳《げんだいごやく》

福沢諭吉《ふくざわゆきち》　佐藤《さとう》きむ《きん》＝訳

平成22年 9月25日　初版発行
令和 2 年 9月10日　4版発行

発行者●郡司 聡

発行●株式会社KADOKAWA
〒102-8177　東京都千代田区富士見2-13-3
電話　0570-002-301（ナビダイヤル）

角川文庫 16465

印刷所●株式会社KADOKAWA
製本所●株式会社KADOKAWA

表紙画●和田三造

ISBN978-4-04-307305-4　C0123

◆◇◇